EL PODER DE LAS Escrituras

Libros de Charles Spurgeon publicados por Portavoz:

Apuntes de sermones

Cómo descansar en las promesas de Dios
(compilado por Jason K. Allen)

Cómo perseverar a través de las pruebas
(compilado por Jason K. Allen)

El poder de las Escrituras
(compilado por Jason K. Allen)

La prioridad de la oración
(compilado por Jason K. Allen)

Promesas y palabras de aliento para cada día

Solamente por gracia

C. H. SPURGEON

EL PODER DE LAS Escrituras

COMPILADO POR

JASON K. ALLEN

EDITORIAL PORTAVOZ

La misión de *Editorial Portavoz* consiste en desarrollar y distribuir productos de calidad —con integridad y excelencia—, desde una perspectiva bíblica y confiable, que animen a las personas a conocer y servir a Jesucristo.

This book was first published in the United States by Moody Publishers, 820 N. LaSalle Blvd., Chicago, IL 60610 with the title *Spurgeon on the Power of Scripture*,

Este libro fue publicado originalmente en los Estados Unidos por Moody Publishers, 820 N. LaSalle Blvd., Chicago, IL 60610 con el título *Spurgeon on the Power of Scripture*,

Traducción: Daniel Menezo
Diseño interior: Kent Jensen

Las cursivas añadidas en los versículos bíblicos son énfasis del autor.

EDITORIAL PORTAVOZ
2450 Oak Industrial Drive NE
Grand Rapids, MI 49505 USA
Visítenos en: www.portavoz.com

ISBN 978-0-8254-5009-9 (rústica)
ISBN 978-0-8254-7031-8 (epub)

1 2 3 4 5 edición / año 32 31 30 29 28 27 26 25 24 23

Impreso en los Estados Unidos de América
Printed in the United States of America

Bendito es el hombre que tiene amigos que son como hermanos, pero aún más bendito es el hombre que tiene hermanos que también son buenos amigos. Yo soy un hombre así, bendecido con dos hermanos mayores que son también mis amigos más cercanos. Dedico con agradecimiento este libro a uno de esos hermanos, Marc Allen.

Contenido

Introducción

POR JASON K. ALLEN

AUNQUE NACIÓ HACE casi doscientos años, Charles Spurgeon sigue siendo, en palabras de Carl F. H. Henry, "uno de los inmortales del cristianismo evangélico". La estatura perdurable de Spurgeon se debe a muchos motivos, pero, incuestionablemente, uno de ellos es su ministerio en el púlpito.

A menudo a Spurgeon se le califica como "el príncipe de los predicadores". Dicho en términos más coloquiales, Spurgeon fue una máquina de predicar. Era frecuente que predicara hasta diez veces por semana, siempre en iglesias atestadas de público. Cada semana los sermones de Spurgeon se transcribían, editaban y enviaban rápidamente por todo el mundo a través de los tentáculos del Imperio británico. La elocuencia de Spurgeon y su evidente poder espiritual atraían a las personas, una y otra vez, a escucharle predicar. Literalmente eran multitudes las que acudían a escucharle, y a menudo atiborraban casas e incluso espacios al aire libre. Para muchos, la predicación de Spurgeon era irresistible. De hecho, en 1857, Spurgeon predicó ante una multitud de 23.654 personas en el Crystal Palace londinense. A finales de su ministerio, Spurgeon había predicado ante más de diez millones de personas sin la ayuda de las tecnologías modernas.

Spurgeon citaba con frecuencia la oración como el secreto de su poder en el púlpito. Ciertamente lo era. Pero trabajando en conjunto con las oraciones del pueblo de Dios figuraba la férrea creencia de Spurgeon en la Biblia como Palabra inspirada e infalible de Dios. Spurgeon predicaba las Escrituras con poder porque creía que eran poderosas. Dios bendijo la predicación de la Palabra que hizo Spurgeon porque este creía que la Biblia era la Palabra de Dios. En la época de Spurgeon, la alta crítica estaba haciendo estragos en la Iglesia y minaba la confianza que el pueblo de Dios ponía en las Escrituras. Sin embargo, Spurgeon se mantuvo firme como un baluarte, rechazando proféticamente a aquellos que asediaban la Palabra de Dios.

Y esta es la intención de este libro: provocar en el lector una creencia más elevada, más confiada en las Escrituras. Pero mi objetivo, como el de Spurgeon, es el de no dejarlo todo en el plano abstracto. Página a página, a medida que tu creencia en las Escrituras se vaya profundizando también lo hará tu fe, tu perseverancia, tu confianza y tu gozo. Tu vida cristiana se fortalecerá, al igual que tu servicio cristiano. En este libro encontrarás siete de los sermones de Spurgeon sobre el poder de las Escrituras. Han sido estratégicamente elegidos y cuidadosamente editados para que produzcan el mayor impacto posible en tu vida cristiana.

La Palabra de Dios es dulce como la miel y cortante como una espada de dos filos. Es nuestro alimento espiritual y nuestra arma espiritual. Mientras lees este libro y contemplas la belleza multifacética de las Escrituras y las aplicas a tu vida cristiana, se fortalecerá tu fe en la Biblia (y en el propio Dios), así como también tu vida y tu ministerio.

En cierta ocasión, Spurgeon comentó que no había necesidad de que él defendiera la Biblia. La comparó con un león metido en una jaula: no hacía falta defenderlo, solo dejarlo salir de la jaula para que se defendiera solo. En estos sermones, Spurgeon hace precisamente eso: presentar las Escrituras con toda la fuerza que tienen. Usando una analogía parecida, Winston Churchill, reflexionando posteriormente sobre su papel para alentar al pueblo británico frente a la amenaza nazi, dijo unas famosas palabras: "Fueron la nación y la raza, repartida por todo el mundo, las que tuvieron un corazón de león. Yo tuve la suerte de que me llamaran para rugir".[1]

Lo mismo sucede con Spurgeon y con las Escrituras. Las Sagradas Escrituras son poderosas, pero en estos sermones, Spurgeon las deja salir de su jaula y les presta su rugido. Lee y que Dios te bendiga.

1 Winston Churchill, "Address to the House of Commons", 30 de noviembre de 1954, citado en Bruce Bliven, *The World Changers* (Nueva York: John Day Co., 1965), 125.

1

La palabra de un rey

RESUMEN:

Como Dios es un monarca, sus palabras tienen poder. Primero, Spurgeon señala cómo el poder de Dios provoca nuestro temor reverente. Expone el poder de Dios transmitido por su palabra en la Creación y en la historia de la redención. En segundo lugar, subraya el poder de la Palabra de Dios, las Escrituras, para garantizar nuestra obediencia a ellas. En tercer lugar, el poder de la Palabra de Dios inspira nuestra confianza. Si luchamos contra la corrupción restante en nuestra vida, en la Palabra de Dios hay poder para limpiarnos. En cuarto lugar, el poder de la Palabra dirige nuestros esfuerzos. Necesitamos la Palabra de Dios para hacer la obra de Dios.

CITAS DESTACADAS:

"Los cristianos deberían escudriñar con más diligencia la Palabra para averiguar cuál es la voluntad del Señor en todos los asuntos que afectan a su vida cotidiana".

"Deberíamos temblar ante la Palabra de Dios y humillarnos hasta el polvo delante de Él, orando para pedir que su gracia nos limpie".

"La obra espiritual solo puede hacerse con un poder espiritual".

Sermón predicado por Charles H. Spurgeon el 22 de marzo de 1873. *Metropolitan Tabernacle Pulpit*, vol. 19.

1

La palabra de un rey

Pues la palabra del rey es con potestad.

ECLESIASTÉS 8:4

EN LA ÉPOCA de Salomón, los reyes tenían un inmenso poder, porque su palabra era absoluta. Hacían las cosas conforme a su voluntad y nadie podía oponerse a ellos, porque, como dijo Salomón: "Como rugido de cachorro de león es el terror del rey; el que lo enfurece peca contra sí mismo" (Pr. 20:2). Cuando un monarca así resultaba ser sabio y bueno, era una gran bendición para el pueblo, porque "el rey que se sienta en el trono de juicio, con su mirar disipa todo mal" (Pr. 20:8). Pero si el rey tenía una naturaleza áspera y tiránica, sus súbditos no eran más que esclavos y gemían bajo su yugo de hierro.

No estamos lo bastante agradecidos por la bendición que supone tener un gobierno constitucional, pero si durante un tiempo nos sometieran al poder de un despotismo aplastante valoraríamos más esas libertades por las que debemos mostrar gratitud a nuestros ancestros puritanos. Raras veces apreciamos una misericordia hasta que alguien nos la arrebata. No seamos ingratos estando sometidos a instituciones libres, porque si lo hacemos seremos más necios que cualquier otro hombre.

Sin embargo, hay un Rey cuyo poder no queremos limitar ni circunscribir en ningún sentido. Dios hace lo que quiere entre los ejércitos del cielo y los habitantes de este mundo inferior. Nadie puede detener su mano ni decirle: "¿Qué haces?". En esto nos regocijamos sobremanera. El gobierno personal de un solo individuo podría ser la mejor forma posible de gobierno si esa persona fuera perfectamente buena, infinitamente sabia y abundante en poder. Un autócrata se convierte en déspota porque no hay nadie que sea perfectamente bueno, altruista o sabio.

Dios no tiene faltas ni fallos y, por lo tanto, es un gozo que haga las cosas conforme a su voluntad. Él nunca desea nada que no sea estrictamente justo; no es injusto ni falto de misericordia. No puede equivocarse y, por consiguiente, el hecho de que "Jehová reina" (Sal. 93:1) es un gran motivo de gozo.

Ahora bien, dado que Dios es el Monarca absoluto, su palabra tiene poder, y en esta ocasión quiero hablar de esa palabra de poder. Ruego que el Espíritu Santo nos ayude a pensar en el poder de la palabra de Dios para obtener cuatro resultados: primero, provocar nuestro temor reverente; segundo, garantizar nuestra obediencia; tercero, inspirar nuestra confianza; y cuarto, dirigir nuestros esfuerzos.

PROVOCAR TEMOR REVERENTE

Primero, hablaremos del poder de la Palabra del Señor para provocar nuestro temor reverente hacia Él. ¿Qué somos nosotros, pobres criaturas de un solo día? ¿Qué hay en nosotros cuando nos presentamos ante los ojos de Dios? ¿No perecemos como la flor del campo? Y en cuanto a nuestro mundo, ¿qué es? A veces hablamos con un exceso de arrogancia y decimos: "haré" y "actuaré", como si pudiéramos hacer algo, cuando, en realidad, nuestra palabra no es más que aliento, vapor, un mero sonido en el aire. El hombre propone, pero Dios dispone; el hombre resuelve, pero Dios disuelve. Aquello que el hombre espera, Dios lo rechaza, pues la Palabra del Señor permanece para siempre, pero el ser humano pasa y ya no es más.

Piensen en el día, antes de todos los días cuando no había días, sino solo el Anciano de días, y cuando Dios habitaba solo, y entonces, en su mente, deseó la creación de un mundo: "Por la palabra de Jehová fueron hechos los cielos, y todo el ejército de ellos por el aliento de su boca" (Sal. 33:6). ¡Qué palabra aquella que creó todas las cosas! Y recordemos que esa misma palabra puede destruir todas las cosas, porque "los cielos y la tierra que existen ahora, están reservados por la misma palabra, guardados para el fuego en el día del juicio y de la perdición de los hombres impíos" (2 P. 3:7). Con tan solo que Él hablara, todas las cosas que existen se disolverían como lo hace la espuma en la ola que la lleva, y se pierde así para siempre.

Cuando el Señor creó, no usó las manos de los querubines o de los serafines. Lo único que leemos en el relato sublimemente sencillo de Génesis es: "Y dijo Dios", y fue hecho. Su palabra lo consiguió todo, y cuando su voluntad es destruir a un hombre o a un millón de ellos, su palabra es capaz de obrar su voluntad. ¡Qué palabra tan poderosa arrasó el ejército de Senaquerib y mató a los primogénitos de Egipto! La palabra del Señor dio una orden a las aguas, y estas ahogaron a un mundo culpable, y esa misma palabra hizo llover fuego sobre Sodoma y Gomorra. Así será también en el último día; cuando de Él salga esa palabra, conmoverá no solo la tierra sino también el cielo, y por su palabra de poder el cielo y la tierra pasarán. Gran Dios, te adoramos, ¡porque por tu palabra eres tanto Creador como Destructor!

Piensen en cómo la palabra de Dios da vida y mata. Él prometió a Abraham que tendría una semilla en la que serían benditas todas las naciones de la tierra. Parecía imposible que de él proviniera un hijo que sería el fundador de una raza (él y Sara eran ancianos), pero Dios, a su debido tiempo, les hizo reír, porque en aquella casa nació Isaac.

Dios nunca ha prometido nada que, a su debido tiempo, no haya cumplido hasta el más mínimo detalle.

Es el Señor el que vivifica, y de igual modo es el Señor quien quita la vida. Solo hace falta que Dios lo desee, y la pestilencia apila a los hombres en montones como la hierba del campo cuando la guadaña del segador ha pasado por ella. El Señor no tiene más que llamar a la pestilencia o la guerra, y huestes de hombres pierden la vida. Si Él desea disciplinar con una hambruna, llama a los insectos voraces para que invaden la tierra. ¡Oh, cómo deberíamos adorarte, terrible Supremo, de cuya palabra dependen la vida y la muerte!

También podría, en otra división de esta parte de mi tema, recordarles el poder que respalda tanto sus promesas como sus amenazas. Dios nunca ha prometido nada que, a su debido tiempo, no haya cumplido hasta el más mínimo detalle. ¿Ha dicho algo, y no sucederá? ¿Ha ordenado algo que no haya pasado después? No se arrepiente de sus dones y llamado; no se aleja de sus compromisos por pacto ni se aparta del cumplimiento de sus palabras.

Quienes lo han resistido han descubierto que también sus amenazas son ciertas: que Faraón confiese con qué rapidez llegaron las plagas tras la palabra del Señor, hasta que su aguerrido corazón se derritió en su pecho. Los hombres han resistido a Dios durante un tiempo y, movidos por su arrogancia, se han burlado, pero al final Él les ha hablado en su ira y los ha humillado con su ardiente desagrado. ¿Quién puede permanecer ante este Dios terrible, cuya palabra derriba a los poderosos y pone a los orgullosos por estrado de sus pies?

La palabra de Dios tiene poder para presagiar, de modo que, cuando Él dice lo que sucederá en el futuro, sabemos que acabará pasando. Así dice el Señor: "Yo hablé, y lo haré venir; lo he pensado, y también lo haré" (Is. 46:11). En la palabra del Señor también hay poder para predestinar, así como para presagiar, de modo que lo que decreta es firme y seguro. El Señor lo ha dicho: "Mi consejo permanecerá, y haré todo lo que quiero" (Is. 46:10). Que esto sea el gozo de ustedes el día de hoy, el hecho de que todo lo que se ha prometido sobre el último día y la gloria que será revelada sucederá sin ninguna duda, porque la boca del Señor lo ha dicho.

Parece imposible que los paganos sean del Señor algún día o que los confines más remotos de la tierra sean posesión de Cristo, pero esto sucederá, porque el Rey lo ha dicho, y "la palabra del rey es con potestad". Tememos que nunca llegue el momento en que la paz reine en todo el mundo, cuando los hombres cuelguen el casco en la entrada y ya no se adiestren para la guerra; pero la visión de fe acabará convirtiéndose en un hecho, porque "la palabra del rey es con potestad".

En la antigüedad, Él habló de Edom y de Moab, de Filistea y de Amón, de Nínive y de Babilonia, de Grecia y de Roma, y todo lo que dijo se ha cumplido. Ni una sola de las profecías de Daniel y de Ezequiel ha quedado sin cumplimiento, y podemos estar seguros de que ni una sola gloriosa visión del vidente de Patmos será un simple sueño. Adoremos al gran Mandatario, Benefactor y Gobernante, cada una de cuyas palabras es la palabra de un rey, en la que hay potestad.

GARANTIZAR NUESTRA OBEDIENCIA

En segundo lugar, deberíamos pensar en el poder de la Palabra de Dios para garantizar que la obedeceremos. Siempre que Dios pronuncia un mandato, llega a nosotros revestido de autoridad, y su poder sobre nuestras mentes debe ser inmediato e incuestionable. Espero que, al hacer los cimientos del edificio espiritual construido en relación con este lugar, ustedes tengan la precaución de hacerlo conforme a las instrucciones del manual de estatutos divinos. Tenemos un solo Maestro, que es Cristo, y debemos hacer su voluntad, no la nuestra.

Algunos cristianos no consideran que la autoridad de la Palabra de Dios es lo más importante, sino que consultan a líderes humanos o confían en sus preferencias. Esto supone partir de la palabra del hombre, un cimiento débil y arenoso; les ruego que no lo hagan. Para los cristianos, la Palabra de Dios es la única norma de fe y de práctica. Nuestra doctrina tiene autoridad porque es palabra de Dios, y no por otro motivo. Nuestras ordenanzas son válidas porque las instituye la Palabra de Dios; si no las ha ordenado Él, son ceremonias inútiles. Todos los ritos, las normas y los reglamentos no tienen valor.

En la Iglesia de Cristo, no hay que tener en consideración el libro de los decretos humanos. Aunque podamos imprimir en su portada las palabras: "impreso por la autoridad", para la Iglesia de Cristo no la tiene. Pueden ustedes adoptar un credo como el estándar de cualquier iglesia en concreto, pero este no tiene autoridad para dominar la conciencia. Es posible que lo autoricen príncipes, obispos y hombres santos, pero si difiere en algo de la Palabra de Dios o le añade alguna cosa, para los hijos de Dios es como un soplo de viento. La única autoridad en la Iglesia es el propio Cristo; Él es la cabeza de su Iglesia, y su palabra es la única autoridad que nos gobierna, porque "la palabra del rey es con potestad". Todos aquellos que actúan como gobernantes en la Iglesia donde solo Jesús es Maestro y Señor no son otra cosa que usurpadores.

Los cristianos deberían escudriñar con más diligencia la Palabra para averiguar cuál es la voluntad del Señor en todos los asuntos que afectan a su vida cotidiana. Un súbdito leal del gran Rey quiere saber qué quiere este que haga; cuando lo sabe, no le toca a él cuestionarlo o poner reparos, sino solo obedecer. Hermanos, obedezcamos en todas las cosas la Palabra del Rey, y demos a su santa Palabra el honor que nos exige con justicia, porque "la palabra del rey es con potestad". Él quiere que cumplamos todo precepto que nos da. No ordena algo para que lo cuestionemos; da una orden para que la obedezcamos.

Los cristianos deberían escudriñar con más diligencia la Palabra para averiguar cuál es la voluntad del Señor en todos los asuntos que afectan a su vida cotidiana.

Déjenme que les remita a lo que dice Salomón en Eclesiastés 8:2: "Te aconsejo que guardes el mandamiento del rey". Este es un consejo admirable para todos los cristianos; si el mandamiento fuera de hombres, incluso de los más sabios entre ellos, podríamos incumplirlo, y quizá fuera correcto hacerlo. Pero si es el Rey el que da la orden, si es el Señor Jesucristo, que es el Rey de Sion, el consejo del Predicador es sabio e importante.

Quizá alguno de ustedes me pregunte: "¿Cuál es el mejor curso que puedo seguir en determinados momentos difíciles?". Te aconsejo que guardes el mandamiento del Rey. Si Él es Rey, tu alma correrá un verdadero peligro si incumples incluso el más fácil de sus mandamientos. Recuerda que una sola traición hace al traidor; una pequeña fuga de agua hunde un barco; una mosca estropea toda la pomada. El que nos compró con su sangre merece que le obedezcamos en todas las cosas con todo nuestro corazón, mente, alma y fuerzas. Un Rey como el que tenemos no debería escucharnos jamás preguntar el motivo por el que nos ordena algo.

Salomón sigue diciendo: "No te apresures a irte de su presencia" (Ec. 8:3). En la Palabra de Dios hay tanto poder que anhelo que obedezcan este precepto y procuren quedarse en su presencia. Algunos miembros de su pueblo intentan alejarse de su Señor en vez de mantenerse cerca de Él. Se deleitan tan poco en la comunión con su Dios que parecen decir: "¿A dónde me iré de tu Espíritu? ¿Y a dónde huiré de tu presencia?" (Sal. 139:7).

¿No les ha pasado nunca como le sucedió a Jonás, cuando decidió que tenía que ir a Tarsis, aunque el Señor le había dicho que fuera a Nínive? No quería acudir a un campo de labor tan amplio, un destino tan problemático y tan mal remunerado. Prefería ir a una aldea o a algún lugar junto a la costa. Durante un tiempo creyó que la providencia lo estaba ayudando, porque encontró un barco que iba a Tarsis. Hay muchas providencias del diablo que facilitan pecar y dificultan obedecer. La norma que hay que seguir es el precepto, no la providencia. La providencia que dio a Judas ocasión de vender a su Maestro no exculpó a aquel hijo de perdición. ¡Ay, pobre Jonás, estar tan deseoso de contradecir la palabra de un Rey!

Recuerdo cómo me sentí la primera vez que vine a Londres: no soportaba el terrible páramo de ladrillos que me rodeaba por todas partes. Suspiraba pensando en los campos verdes y el aire fresco, y deseaba regresar a mi ministerio rural. Pero este tipo de concesiones a uno mismo no es correcto: "la palabra del rey es con potestad", e independientemente de dónde te envíe el Rey, debes ir, y además, sin cuestionarlo. Si te envía a predicar a las puertas del infierno, ve y predica ante ellas.

Independientemente de dónde te envíe el Rey, debes ir, y además, sin cuestionarlo. Si te envía a predicar a las puertas del infierno, ve y predica ante ellas.

"No te apresures a irte de su presencia", porque si pierdes de vista al Rey, si ya no esperas en su bendita presencia, puedes estar seguro de que al igual que Jonás caerás en el juicio, la tormenta, el naufragio y el terror. Puede que no haya ninguna ballena que te trague y luego te vomite (ahora ya no son tan abundantes como lo fueron), y quizá no seas librado con tanta facilidad como Jonás. Mantente en la presencia y el favor del Señor, sin importar adónde debas acudir para hacerlo. Camina en comunión con Cristo sea cual fuere el sendero que Él te indique. Sin importar lo áspero que sea el camino; no pienses que te equivocaste de ruta porque sea muy irregular, sino piensa más bien que precisamente porque es así es el correcto, porque raras veces coinciden el camino fácil y la justicia. ¡Oh, que podamos permanecer en Cristo, el Verbo, y que su Palabra permanezca en nosotros!

Entonces Salomón dice: "ni en cosa mala persistas". En la Palabra de Dios hay tanto poder que puede destruirles a ustedes como si nada, o reprenderles duramente, de modo que apresúrense a enmendar los errores y no persistan en cosa mala. Arrepiéntanse, obedezcan, sométanse, confiesen, busquen de inmediato el perdón. Si en algún momento ofenden a su Soberano misericordioso, humíllense, pues su castigo es severo.

Muestren dulzura al hablar; permitan que Dios los guíe con su mirada, que una palabra baste para ustedes, no precisen un bocado o una brida. Desearía que todos tuviéramos una conciencia tierna. Deberíamos temblar ante la Palabra de Dios y humillarnos hasta el polvo delante de Él, orando para pedir que su gracia nos limpie. Para un creyente que vive en la presencia del Rey, en cuya palabra hay poder, el pecado debería ser algo imposible. ¿Ofenderán al Señor cara a cara y lo insultarán en sus propios atrios? No; entréguense a su misericordia y permitan que su vida santa demuestre que su Palabra tiene poder sobre su corazón y su conciencia.

Deberíamos temblar ante la Palabra de Dios y humillarnos hasta el polvo delante de Él, orando para pedir que su gracia nos limpie.

INSPIRAR NUESTRA CONFIANZA

Y ahora, en tercer lugar, para inspirar nuestra confianza pensemos que "la palabra del rey es con potestad". Su palabra no es un mero sonido; contiene el poder de la verdad. Si hacen lo que Él pide, descubrirán que Él puede perdonar y perdonará abundantemente. Sean cuales fueren los pecados que hayan cometido, aunque sean demasiados como para contarlos y demasiado terribles como para mencionarlos, si se acercan y ponen su confianza en Jesucristo, la Palabra de Dios dice que serán salvos y, por lo tanto, lo serán. "El que cree en el Hijo tiene vida eterna" (Jn. 3:36). Vengan ahora y pronuncien esas palabras, aquellos que sientan su pecaminosidad, y demostrarán con su experiencia gozosa que esas palabras son poder de Dios para salvación. Incluso el peor de todos puede acercarse y reclamar las promesas, y obtendrá el perdón inmediato y completo, y su alma lo sabrá debido a la dulce paz que nace del pecado perdonado.

¿Me dicen que no pueden conquistar sus malas pasiones y sus deseos corruptos? Aquí tenemos una promesa de la Palabra del Señor: "Esparciré sobre vosotros agua limpia, y seréis limpiados de todas vuestras inmundicias; y de todos vuestros ídolos os limpiaré. Os daré corazón nuevo, y pondré espíritu nuevo dentro de vosotros; y quitaré de vuestra carne el corazón de piedra, y os daré un corazón de carne" (Ez. 36:25-26). Vengan y reclamen estas promesas preciosas; en ellas hay poder. Son las palabras de un Rey, y si las pronuncian ante el propiciatorio se convertirán en nuevas criaturas en Cristo Jesús. Las cosas viejas pasarán; todas las cosas serán hechas nuevas.

Cuando obtienen una promesa de Dios, considérenla una verdad indudable y confíen en ella como lo hacen con la promesa de su padre o de un amigo. Aunque a su alrededor hay personas cuyas promesas nunca pueden creer, la palabra de Dios no es igual a la de los mortales falsos e inconstantes. Al Dios de la verdad no se le puede acusar de falsedad o de fracaso. Todavía no ha incumplido una sola vez su palabra, y nunca lo hará. Entonces, amadas almas, si desean el perdón de los pecados y una renovación de su corazón, reciban la promesa al respecto y créanla con toda su alma. Con la seguridad plena que confiere la palabra de un Rey, serán lavados en la sangre y en el agua que manaron del costado herido del Cristo crucificado.

Y ustedes, pueblo cristiano, ¿luchan en estos momentos con una corrupción persistente que no pueden vencer? Vengan, aférrense a la promesa de que vencerán, y pídanlo delante del propiciatorio. Si alguno obtiene una promesa de Dios adecuada para su situación, que la aproveche de inmediato, porque tiene poder; ¡es la palabra de un Rey! La promesa del Señor soportará el peso del pecado y la justicia, de la vida y la muerte, del juicio y del infierno. Apóyense con todo su peso en la Palabra, y descubrirán que es como el monte de Sion, que no puede ser movido, sino que permanece para siempre.

Por mi parte, no tengo ni una sombra de esperanza que no esté puesta en la Palabra del Señor; su Espíritu me ha liberado de toda dependencia de los deberes, sentimientos o experiencias. La Palabra del Señor es la vida de mi alma. En las palabras del Rey Jesús hay poder para salvarnos, renovarnos, perdonarnos, preservarnos, santificarnos y perfeccionarnos. Si se han aferrado a las promesas, estas los acompañarán durante toda su vida y también en la eternidad.

¿Se hallan metidos en algún grave problema? No puedo conocer todos los casos, pero si alguno de ustedes tiene una prueba de la que no puede hablar o un problema del que nadie puede ayudarle a escapar, acuda ante el Señor y expóngalo. Recuerden su Palabra: "Muchas son las aflicciones del justo, pero de todas ellas le librará Jehová" (Sal. 34:19). Vayan y díganle que Él ha hablado de esa manera y que se ha comprometido por lo tanto a librarlos de todas sus aflicciones. Pueden estar seguros de esto: nunca faltará a su Palabra.

¿Prevén que morirán pronto? ¿Están angustiados porque la enfermedad está minando su salud? No teman, porque su Espíritu les enseña a cantar: "Aunque ande en valle de sombra de muerte, no temeré mal alguno, porque tú estarás conmigo; tu vara y tu cayado me infundirán aliento" (Sal. 23:4). Acudan al Señor y háblenle de su propia Palabra, y podrán mirar al futuro sin temor alguno.

Hermanos, aún tenemos otra ventaja sobre el temor a la muerte, cuando recordamos que la voz de un Rey reclamará nuestros cuerpos de la tumba, y "la palabra del rey es con potestad". Cuando contemplamos apenados el cementerio, nos preguntamos: "¿Vivirán estos huesos secos?". No somos lentos para responder con la certeza de la fe. Aquel que trajo de vuelta de entre los muertos a nuestro Señor Jesús, aquel gran Pastor de las ovejas, también sacará del sepulcro a todas ellas: "Y si el Espíritu de aquel que levantó de los muertos a Jesús mora en vosotros, el que levantó de los muertos a Cristo Jesús vivificará también vuestros cuerpos mortales por su Espíritu que mora en vosotros" (Ro. 8:11). No dudamos de esto cuando recordamos que, junto con la trompeta del arcángel, también se oirá la voz de Dios, que pronunciará la palabra omnipotente.

DIRIGIR SUS ESFUERZOS

En cuarto lugar, mi pasaje debe emplearse para encauzar sus esfuerzos. Ustedes necesitan poder; no el poder del dinero, la mente, la influencia o los números, sino el "poder desde lo alto" (Lc. 24:49). Todos los demás tipos de poder pueden ser deseables, pero este poder es indispensable. La obra espiritual solo puede hacerse con un poder espiritual. Les aconsejo que, para obtener el poder espiritual para todo lo que hagan, cumplan el mandamiento del Rey, porque "la palabra del rey es con potestad". No permitan que quede una sola piedra de su Iglesia espiritual sin la supervisión de Dios; hagan las cosas tal como Él les ha ordenado. Considérenlo el Maestro constructor y sométanse todos al mandato de su Palabra.

Llega el día en que todo lo que ha sido construido será destruido, porque el fuego probará la obra de cada hombre para averiguar su valor. Es fácil edificar una iglesia de madera, heno y hojarasca, que el fuego destruirá rápidamente; y es una tarea muy difícil construir una con oro, plata y piedras preciosas, porque se trata de materiales escasos que hay que buscar con diligencia, prepararlos laboriosamente y guardarlos con cuidado. Los materiales que soportarán el fuego de la tentación, la prueba, la muerte y demás no pueden obtenerse mediante una palabra que no sea la Palabra del Señor, pero son los únicos que merece la pena tener. Prefiero disponer de media docena de cristianos que sean verdaderamente espirituales y obedientes a la Palabra del Señor en todas las cosas que tener a seis mil cristianos nominales que no prestan atención a la Palabra ni al Rey.

La obra espiritual solo puede hacerse con un poder espiritual.

Si quieren poder, guarden el mandamiento del Rey, síganlo de cerca en todas las cosas, y conviértanlo en la ley de su hogar y el lema de su bandera. Cada vez que van más allá de la palabra lo hacen también del poder, y siempre que se quedan cortos frente a la palabra, también perderán poder. En la palabra del Rey hay poder y dispondrán de ese poder siempre que la obedezcan. En ninguna otra parte se encuentra un poder auténtico. Tengamos cuidado para no buscar el poder en otros lugares, porque eso supondrá abandonar la fuente de agua viva para cavarnos cisternas rotas que no pueden contenerla.

Temo que algunos cristianos han estado buscando en muchas otras direcciones ese poder que solo se encuentra en la palabra del Rey. En determinada época nos dijeron que el poder radicaba en un ministerio basado en una buena formación. Esta superstición ha recibido muchos golpes de los éxitos manifiestos de aquellos cuyo idioma es el elegante y antiguo sajón. Entonces la exigencia era: "Bueno, en el fondo no queremos a esos hombres con buena educación; necesitamos oradores ágiles, hombres que sepan contar muchas anécdotas e historias. Esos son los hombres con poder". Espero que acabemos superando también este engaño. El Señor trabaja por medio de ambos tipos de personas, o de otras que no tienen las calificaciones de estas, o de otro tipo de hombre, o de cincuenta otros tipos, siempre que se afirmen en la palabra del Rey, en la que hay poder.

Hay poder en el evangelio si lo predica un hombre carente de toda formación: los hombres sin estudios han hecho grandes cosas mediante el poder de la Palabra. El refinado doctor de teología ha sido igual de eficaz cuando se ha apegado a la Palabra de su Maestro. Pero si alguno de los dos ha olvidado hacer que la Palabra del Señor sea lo primero y lo último, su predicación ha sido impotente, tanto si la proclamó el analfabeto como si lo hizo el cultivado.

A otros, que buscaban tener poder sobre las masas, les ha parecido necesario que hubiera buena música. Hoy día se piensa que un órgano es el poder de Dios, y un coro es un buen sustituto del Espíritu Santo. En Estados Unidos han probado esta técnica, donde los solos y los cuartetos permiten que los hombres y las mujeres que cantan repartan sus cultos entre la iglesia y el teatro. Algunas iglesias han prestado más atención al coro que a la predicación. Yo no creo en esto. Si Dios hubiera querido que las personas se convirtieran por esa vía, les habría dado el mandamiento de asistir a los teatros de variedades y a las óperas, porque allí encontrarán una música mejor de la que podemos tener la esperanza de ofrecerles nosotros. Si la música contiene el poder de transformar las almas de los hombres del pecado a la santidad, y si la predicación del evangelio no hace esto, olvidémonos de Pedro y de Pablo, de Chalmers y de Crisóstomo, y exaltemos a Mozart y a Händel en lugar de ellos, permitiendo que los grandes cantantes de nuestros tiempos ocupen el lugar que antes tenían los que hacían rogativas al Señor. Ni siquiera esto contentaría a los fanáticos de esta época, porque además de la sala de música anhelan contar con los adornos del teatro.

Combinemos con la filosofía las dulces flores de la oratoria y podremos exclamar, como los idólatras de la antigüedad: "Israel, estos son tus dioses" (Éx. 32:4). Ahora los hombres buscan la omnipotencia en juguetes; pero nosotros no creemos en ellos. Volvemos a lo mismo: "la palabra del rey es con potestad"; y aunque estamos dispuestos a admitir que todo lo que tiene que ver con nosotros puede ser un vehículo del poder espiritual si Dios así lo desea, estamos más convencidos que nunca de que Dios tiene poder espiritual que otorgar solamente por su Palabra. Debemos aferrarnos a la palabra del Rey si queremos tener este poder espiritual para la obra del Señor.

Todo lo que encuentren en las Escrituras que sea un mandato del Rey, síganlo, aunque les lleve por un camino que a la carne le sea arduo soportar: me refiero a un camino de espiritualidad singular, de no conformidad con el mundo. Recuerden que, después de todo, es posible que la verdad la tenga la media docena de personas, no los millones. El poder de Cristo puede estar con un puñado de individuos, como en Pentecostés, cuando el poder descendió sobre los discípulos menospreciados, y no sobre los sacerdotes y los escribas, aunque ellos eran quienes mandaban en los asuntos religiosos.

Si queremos ganar almas para Cristo, debemos usar la Palabra de Dios. Otros tipos de buenas obras languidecen a menos que los combinemos con el evangelio. Si se proponen reformar, civilizar y elevar a los seres humanos, a menos que los evangelicen, perderán el tiempo. El movimiento por la abstinencia total es positivo, y ojalá todo el mundo lo respaldara, pero tiene poca incidencia a menos que el evangelio proporcione tanto el motivo como el impulso. La vara no hace milagros hasta que la empuña Moisés, y la enseñanza moral tiene poca fuerza hasta que Jesús la utiliza.

Quienes dudan del poder del evangelio y lo abandonan para acudir a otras formas de bien, que les da esperanza, cambian la fortaleza por debilidad, la omnipotencia por la insuficiencia. Cada vez estoy más convencido de que donde radica la potestad es en la palabra del Rey, y todo lo demás es debilidad a menos que esa palabra le haya infundido poder. Cada uno debe tener su propia experiencia, pero la mía me demuestra que la predicación directa y clara del evangelio es el trabajo más provechoso al que pueda dedicarme jamás: aporta más gloria a Dios y más beneficios a los hombres que todas las conferencias y discursos sobre temas morales. Si yo fuera granjero, siempre querría sembrar la semilla que me aportara el mejor rendimiento a cambio de mi trabajo. La predicación del evangelio es la actividad más provechosa del mundo; es remunerativa en el sentido más sublime posible. Ojalá su ministro se apegue al evangelio, el evangelio de siempre, y no predique nada más que a Cristo y a este crucificado. Si la gente no quiere oír esto, no permitan que escuchen nada más; es mejor guardar silencio que predicar cualquier otra cosa. Pablo dijo, y yo me sumo a él: "me propuse no saber entre vosotros cosa alguna sino a Jesucristo, y a este crucificado" (1 Co. 2:2).

Una vez más, si quieren poder, deben usar esta Palabra en sus ruegos. Si su trabajo aquí ha de conocer el éxito, debe mediar la oración abundante; en la casa de Dios todo debe hacerse con oración. Denme un pueblo que ora y dispondré de un pueblo poderoso. La Palabra del Señor da poder a nuestras oraciones. La aceptación de esa Palabra tiene poder, como lo tiene asimilarla o recibirla. Nunca guardarán la verdad hasta que hayan introducido esta Palabra del Rey en su ser espiritual, absorbiéndola en su naturaleza espiritual. ¡Oh, que todos y cada uno de ustedes pueda alimentarse de la Palabra, subsistir de ella y convertirla en su sustento cotidiano!

Y también hay poder en la puesta por obra de esa Palabra. Donde haya vida por medio de la Palabra del Rey, será una vida fuerte. La vida del pecador es una vida débil; pero una vida de obediencia, una vida cristiana sincera, es una vida firme. Incluso quienes la odian y la repudian no pueden evitar sentir que produce una influencia extraña que no pueden explicar y que no pueden por menos que respetar.

Verán su poder en este lugar; sé que lo verán, porque están resueltos en el poder de Dios de que así será. Verán su poder llenar este lugar. No hay nada tan atractivo como el evangelio de Cristo. Esa campanilla de plata única del evangelio contiene más melodía de la que puedan producir todas las campanas de todos los campanarios del mundo. En el nombre único de Jesús hay más dulzura que en todas las arpas de los ángeles, y no hablemos ya de la música de los hombres. Cuando en cualquier capilla se niega la deidad de Jesucristo, pronto se convierte en un páramo desolador. Si se va Cristo, el Hijo de Dios, ya no queda nada.

Cuando prediquen el evangelio se salvarán almas. Para garantizar ese resultado deben apegarse al evangelio, porque es el único medio dispuesto por Dios para la conversión de los pecadores. Debemos enseñar la Palabra del Rey si queremos que nuestro trabajo sea bendecido para salvación de las almas. Debemos arar con la ley, explicando a las personas qué significan el pecado y el arrepentimiento. Entonces, con esperanza, podemos sembrar el evangelio en ellas. Hace algún tiempo nos dijeron que no había necesidad de arrepentimiento, que este solo conllevaba un cambio en la forma de pensar, pero ¡qué tremenda transformación de la mente significa el genuino arrepentimiento! Nunca hablen a la ligera de él.

Entonces, también, la predicación de la verdad, y toda la verdad, les proporcionará un poder unificador, de modo que quienes amen al Señor estarán unidos de corazón. Cuando los cristianos discuten es, por lo general, porque no reciben suficientes alimentos espirituales. Los perros pelean cuando no hay huesos, y los miembros de las iglesias rompen filas cuando no hay alimento espiritual. Debemos ofrecerles la abundancia del evangelio, porque este tiene poder para endulzar el temperamento y ayudarnos a llevarnos bien con los demás.

Prediquen la Palabra del Rey, porque esta les dará poder en la oración privada, poder en la escuela dominical, poder en la reunión de oración, poder en todo lo que hagan, porque vivirán basándose en la Palabra del propio Rey, y su Palabra es alimento para el alma.

2

La Biblia sometida a prueba y justificada

RESUMEN:

Es maravilloso que Dios haya condescendido a darnos su Palabra escrita. Primero, Spurgeon analiza la calidad de la Palabra de Dios. Tiene un carácter uniforme, sin contradicciones. Segundo, Spurgeon considera las pruebas de la Palabra de Dios. Ha sido probada de muchas maneras y sigue en pie. En tercer lugar, Spurgeon examina las afirmaciones de la Palabra de Dios. Es necesario estudiarlas, obedecerlas y observarlas.

CITAS DESTACADAS:

"En todo el Libro, de Génesis a Apocalipsis, encontramos las palabras del Señor, y siempre son palabras limpias".

"Estas palabras de Dios son un fundamento firme, y nuestras esperanzas eternas están sabiamente edificadas sobre este fundamento".

Un sermón que predicó Charles H. Spurgeon el 5 de mayo de 1889. *Metropolitan Tabernacle Pulpit*, vol. 35.

2

La Biblia sometida a prueba y justificada

Las palabras de Jehová son palabras limpias, como plata refinada en horno de tierra, purificada siete veces.

SALMOS 12:6

EN ESTE SALMO, nuestro texto se encuentra en contradicción con la maldad propia de la época. El salmista se queja de que "se acabaron los piadosos; porque han desaparecido los fieles de entre los hijos de los hombres" (Sal. 12:1). A él, esto le provocaba una gran tristeza y no hallaba consolación salvo en las palabras del Señor. ¿Qué pasa si los hombres fallan? ¡Que la Palabra del Señor permanece! ¡Hay mucho consuelo en cambiar la palestra de la controversia por los verdes pastos de la revelación! Uno se siente como Noé cuando, encerrado dentro del arca, ya no veía la muerte y la desolación que imperaban fuera de ella. Vivan ustedes en comunión con la Palabra de Dios y, en ausencia de amigos cristianos, nunca les faltará compañía.

Además de esto, el versículo supone un contraste radical con las palabras de los impíos cuando se rebelan contra Dios y oprimen a su pueblo. Ellos dijeron: "Por nuestra lengua prevaleceremos; nuestros labios son nuestros; ¿quién es señor de nosotros?" (Sal. 12:4). Se jactaban, se imponían, amenazaban. El salmista se apartó de la voz del jactancioso y acudió a las palabras del Señor. Vio la promesa, el precepto y la doctrina de la verdad pura, y las palabras lo consolaron. No disponía de tantas palabras del Señor como tenemos nosotros, pero las que tenía las hacía suyas. En la buena compañía de aquellos que habían hablado conforme a las instrucciones de Dios, pudo soportar las amenazas de quienes lo rodeaban.

Queridos amigos, si en algún momento la vida los lleva donde los demás desprecian las verdades que ustedes aman ardientemente, vuelvan a los profetas y a los apóstoles, y escuchen lo que Dios les dirá por medio de ellos. Las voces de la tierra están llenas de falsedad, pero la palabra del cielo es pura. En la postura del pasaje hallamos una buena lección práctica que ustedes deben aprender bien. Hagan de la Palabra de Dios su compañera diaria, y entonces, a pesar de lo que les entristezca debido a la falsa doctrina de la época, nunca serán abatidos hasta lo sumo porque las palabras del Señor sustentarán su espíritu.

Observando el pasaje, ¿no les parece una maravillosa condescendencia que el Señor, el Infinito, use palabras? En su sabiduría ha dispuesto para nosotros esta manera de comunicarnos con los demás. No obstante, por lo que a Él respecta es espíritu puro e ilimitado. ¿Limitará sus pensamientos gloriosos en el estrecho canal del sonido, el oído, el nervio auditivo? ¿Debe usar palabras humanas la mente eterna? El Señor glorioso pronunció palabras. Los cielos y la tierra fueron el fruto de sus labios. Para su naturaleza, es más pertinente hablar tormentas y truenos que rebajarse a las humildes vocales y consonantes de una criatura del polvo.

¿Se comunicará Él, en todo acto, con el hombre a la manera de este? Sí, se rebaja a hablarnos con palabras. Bendecimos al Señor por la inspiración verbal, de la que podemos decir que "guardé las palabras de su boca más que mi comida" (Job 23:12). No conozco ninguna otra inspiración, ni puedo concebir ninguna que pueda sernos de verdadera utilidad. Necesitamos una revelación sencilla sobre la que podamos apoyar nuestra fe.

Si el Señor nos hubiera hablado con un método en el que el significado fuera infalible pero las palabras fueran cuestionables, nos habríamos confundido antes que edificarnos, porque es una ardua tarea separar el verdadero sentido de las palabras equívocas. Siempre temeríamos que el profeta o el apóstol, después de todo, no nos hubiera ofrecido el sentido que Dios quería. Es fácil escuchar y repetir palabras, pero no lo es transmitir el sentido de otro fijándolo en palabras propias perfectamente independientes; el significado se esfuma con facilidad. Pero creemos que los santos de la antigüedad, aunque usaban su propio lenguaje, fueron guiados por el Espíritu de Dios para usar palabras que eran también las de Dios. El Espíritu divino obró de tal manera sobre el espíritu del escritor inspirado que este escribió las palabras del Señor y nosotros, por lo tanto, atesoramos todas y cada una de ellas.

A nuestro Dios condescendiente le agrada tanto hablarnos por medio de palabras que incluso se ha dignado llamar, a su Hijo unigénito, el "Verbo" (Jn. 1:14). El Señor usa las palabras no con reticencia, sino con placer, y desea que también nosotros las tengamos en alto concepto.

Creemos que en las Escrituras tenemos las palabras de Dios

conservadas para nosotros. Estamos tremendamente agradecidos de que así sea. Si no dispusiéramos de las palabras del Señor plasmadas de este modo, habríamos sentido que vivimos en una época mala, dado que actualmente no se oye voz ni oráculo alguno. Lo que digo es que habríamos caído en días malos si las palabras que Dios pronunció hace tanto tiempo no se hubieran registrado bajo su supervisión.

Teniendo este Libro ante nosotros, el Señor dice ahora lo mismo que dijo hace dos mil años. Su Palabra permanece para siempre, porque ha hablado para todas las edades. La Palabra del Señor está tan imbuida de vida para siempre y de frescura eterna que es tan expresiva e impactante en el corazón del santo moderno como lo fue al oído de Abraham cuando la escuchó en Canaán, o a la mente de Moisés en el desierto, o a David cuando la cantó acompañado de su arpa.

¡Doy gracias a Dios porque muchos de nosotros sabemos lo que es escuchar la Palabra divina resonando de nuevo en nuestras almas! Mediante el Espíritu Santo, las palabras de las Escrituras llegan a nosotros con una inspiración presente: el Libro no solo fue inspirado, sino que lo sigue siendo. Este Libro es más que papel y tinta; habla con nosotros. ¿No fue esa la promesa: "hablarán contigo cuando despiertes" (Pr. 6:22)? Abrimos el Libro con esta oración: "Habla, Jehová, porque tu siervo oye" (1 S. 3:9), y a menudo lo cerramos con este sentimiento: "Heme aquí; ¿para qué me has llamado?" (1 S. 3:6). Con tanta certidumbre como si la promesa nunca se hubiera hecho antes, sino que hubiera sido pronunciada desde la gloria excelente por primera vez, el Señor ha hecho que las Sagradas Escrituras sean su mensaje directo a nuestro corazón y a nuestra conciencia. ¡Ojalá el Espíritu Santo les hable de nuevo en esta misma hora!

LA CALIDAD DE LA PALABRA DE DIOS

"Las palabras de Jehová son limpias". Partiendo de esta afirmación deduzco, primero, la uniformidad de su carácter. No se hace excepción alguna a ninguna de las palabras de Dios, sino que todas se describen como "limpias". No todas tienen el mismo carácter (algunas son para enseñanza, otras para consuelo y otras para reprensión), pero todas son "palabras limpias".

Considero que es un mal hábito tener preferencias en las Sagradas Escrituras. Debemos conservar ese volumen como un todo. Quienes se deleitan en los pasajes doctrinales, pero omiten la reflexión sobre los pasajes prácticos, pecan contra las Escrituras. Pero recordemos que los hombres de Dios en la antigüedad se deleitaban sobremanera en los mandamientos del Señor. Respetaban los preceptos del Señor y amaban su ley. Si algunos se niegan a oír hablar de deberes y ordenanzas, temo que no aman en absoluto la Palabra de Dios. Quien no la ama entera es que no la ama. Por otro lado, también se equivocan quienes se deleitan en la predicación de los deberes, pero no se interesan por las doctrinas de la gracia. Dicen: "Ese sermón sí que valía la pena escucharlo, porque hablaba sobre la vida cotidiana". Me alegro mucho de que piensen así, pero si rechazan otras enseñanzas del Señor cometen un grave error. Si ustedes consideran que una porción de las palabras del Señor no es digna de que mediten en ella, me temo que no son de Dios. Amados, valoramos todas las palabras que ha dicho el Señor. No dejamos a un lado las historias, como tampoco lo hacemos con las promesas.

Sobre todo, no caigamos en lo que sostienen algunos, cayendo casi en la blasfemia, cuando dicen que el Nuevo Testamento es muy superior al Antiguo. No cometeré el error de decir que en el Antiguo

Testamento hallamos más lingotes de la verdad que en el Nuevo, porque eso sería caer en el mismo mal que estoy condenando. Pero una cosa sí voy a decir: tienen la misma autoridad y arrojan luz el uno sobre el otro de tal forma que no podemos descuidar ninguno de los dos. "Por tanto, lo que Dios juntó, no lo separe el hombre" (Mr. 10:9). En todo el Libro, de Génesis a Apocalipsis, encontramos las palabras del Señor, y siempre son palabras puras.

En todo el Libro, de Génesis a Apocalipsis, encontramos las palabras del Señor, y siempre son palabras puras.

Tampoco es correcto decir: "Así habló el propio Cristo, pero esta otra enseñanza es de Pablo". No, no es de Pablo; si está escrita en el Libro, es del Espíritu Santo. Tanto si el Espíritu Santo habla por medio de Isaías como de Jeremías, Juan, Santiago o Pablo, la autoridad sigue siendo la misma. Esto es cierto incluso en lo relativo a nuestro Señor Jesucristo, pues Él dice de sí mismo: "la palabra que habéis oído no es mía, sino del Padre que me envió" (Jn. 14:24). En este asunto, se pone a sí mismo al mismo nivel que otros, que fueron los portavoces de Dios.

Aceptamos las palabras de los apóstoles como palabras del Señor, recordando lo que dijo Juan: "Nosotros somos de Dios; el que conoce a Dios, nos oye; el que no es de Dios, no nos oye. En esto conocemos el espíritu de verdad y el espíritu de error" (1 Jn. 4:6). Así se emite un juicio solemne contra aquellos que pretendían oponer el Espíritu de Jesús al Espíritu que habitaba en los apóstoles. El valor de las palabras del Señor no queda afectado por el medio en que se comunicaron. La verdad revelada es de la misma calidad, aun cuando algunas de sus porciones no tienen el mismo peso metálico.

A continuación observamos la pureza de las palabras del Señor: "Las palabras de Jehová son palabras limpias". Como todos ustedes saben, en el comercio no toda la plata es igual: hay plata impura y plata libre de metales inferiores. La Palabra de Dios es plata sin escoria; es como la plata que se ha purificado siete veces en un crisol de tierra en el horno, hasta que ha desaparecido toda partícula indigna. Es absolutamente pura.

Se trata de la verdad bajo la forma del bien, sin mezcla alguna de maldad. Los mandamientos del Señor son justos y rectos. Las perversiones son posibles y probables, pero el propio Libro es, preeminentemente, puro. Se nos ofrecen detalles de burdos actos de criminalidad, pero no dejan una huella perdurable en la mente. La historia más triste de las Sagradas Escrituras es un faro, nunca un señuelo. Este es el Libro más limpio, claro y puro que existe entre los hombres; no debe mencionarse en la misma hora junto con los escritos imaginativos que pasan por ser libros santos. Procede de Dios, y cada palabra es pura.

También es puro en el sentido de la verdad, sin elementos erróneos. No dudo en decir que creo que las Sagradas Escrituras originales, de principio a fin, no contienen ni un solo error. Puede haber, y hay, errores de traducción, porque los traductores no están inspirados. Incluso los hechos históricos son correctos. Se ha dudado de ellos de vez en cuando, y en ocasiones con un gran despliegue de razonamientos; han sido dudas imposibles de rebatir durante un tiempo, pero con solo que dejemos el espacio necesario y busquemos lo suficiente, las piedras enterradas en la tierra claman para confirmar cada letra de las Escrituras. Antiguos manuscritos, monedas e inscripciones se ponen de parte del Libro, al que solo se oponen meras teorías, y el hecho de que muchos sucesos de la historia no tienen otro registro que aquel que nos ofrece el Libro.

Últimamente, el Libro ha pasado por el horno de la crítica, pero buena parte de ese horno se ha enfriado debido a que la crítica no merece ni tenerse en cuenta.

En ninguna de las páginas de las Escrituras hallamos un solo error. Esas palabras proceden de aquel que no puede equivocarse y que no tiene ningún deseo de engañar a sus criaturas. Si yo no creyera en la infalibilidad del Libro, preferiría no tenerlo. Si pudiera juzgar el Libro, este no podría juzgarme. Si tengo que filtrarlo, como hacemos con el montón de grano en la era, dejando a un lado esto y aceptando solo aquello conforme a mi propio juicio, entonces no tengo ninguna guía, a menos que sea lo bastante orgulloso como para fiarme de mi propio corazón. La nueva teoría niega la infalibilidad de las palabras de Dios, pero prácticamente la imputa a los juicios de los hombres; al menos, esta es toda la infalibilidad que pueden obtener. Yo afirmo que prefiero arriesgar mi alma con una guía inspirada por el cielo que con líderes dispares que surgen de la tierra a instancias del llamado del "pensamiento moderno".

Una vez más, este Libro es puro en el sentido de confiabilidad; en sus promesas no hay ni una sombra de fracaso. Tengan claro esto: ninguna predicción de las Escrituras ha dejado de cumplirse. Ninguna de las promesas que Dios ha dado ha resultado ser mera palabrería. Acepten la promesa tal como el Señor la da, y descubrirán que Él es fiel hasta en el más mínimo detalle. Algunos de nosotros aún no tenemos derecho a que nos llamen "ancianos de cabellos canos", pero hasta ahora hemos creído las promesas de Dios, las hemos probado y examinado. ¿Y cuál es nuestro veredicto? Doy testimonio solemne de que no he encontrado una sola palabra del Señor que se haya venido abajo.

En ocasiones, el cumplimiento de una promesa se ha retrasado y ha superado el periodo de tiempo que mi impaciencia habría deseado, pero en el momento idóneo la promesa se ha cumplido. Pueden echar todo su peso sobre cualquiera de las palabras de Dios, y estas lo soportarán. En su hora más oscura quizá no dispongan de una vela, sino de una sola promesa, y sin embargo esa luz solitaria convertirá su medianoche en mediodía. Gloria sea a su Nombre, las palabras del Señor no tienen maldad, ni error, ni incumplimiento.

Además, el pasaje habla también de lo preciosas que son las palabras de Dios. David las compara con plata refinada, y la plata es un metal precioso. En otros lugares ha comparado esas palabras con el oro puro. Las palabras del Señor podían haber parecido comparables al papel moneda, pero no, son el propio metal. En las palabras de Dios tienen el dinero sólido de la verdad; no es ficción, sino la sustancia de la verdad. Las palabras de Dios son como lingotes. Cuando los tienen, sujetos por la fe, tienen la esencia de las cosas que esperan. La fe encuentra en la promesa de Dios la realidad de aquello que busca: la promesa de Dios es tan buena como su propio cumplimiento. Las palabras de Dios, tanto si son de doctrina como de práctica o de consuelo, son de metal sólido para el hombre de Dios que sabe cómo guardarlas en el monedero de la fe personal.

Igual que en nuestras casas usamos la plata en muchos artículos, usamos la Palabra de Dios en la vida cotidiana; tiene mil usos. De igual modo que la plata es una moneda habitual para el comerciante, las promesas de Dios son un dinero válido tanto en el cielo como en la tierra. Negociamos con Dios por medio de sus promesas, por las que Él contacta con nosotros. Igual que los hombres y las mujeres usan la plata a modo de ornamento, las palabras del Señor son nuestras joyas y nuestra gloria. Las promesas son artículos hermosos que producen un goce eterno. Cuando amamos la Palabra de Dios y la guardamos, la hermosura de la santidad desciende sobre nosotros. Este es el verdadero ornamento del carácter y de la vida, y lo recibimos como un regalo de bodas del Esposo de nuestras almas.

Aparte de esto, este pasaje nos expone la permanencia de las palabras del Señor. Son como una plata que ha pasado por los fuegos más potentes. Ciertamente, durante los siglos, la Palabra de Dios ha resistido el fuego (y un fuego aplicado en su forma más intensa), es decir, el del horno que los refinadores consideran el último recurso. Si el diablo pudiera haber destruido la Biblia, habría sacado los carbones más ardientes del centro del infierno. No ha podido destruir ni una sola línea.

Según este pasaje, el fuego se aplica de una manera habilidosa: la plata se coloca en un crisol de tierra, de modo que el fuego pueda envolverla por entero. El refinador está seguro de cómo emplear el fuego de la mejor manera que conoce, de modo que la escoria se queme. Del mismo modo, unos hombres dotados de una habilidad diabólica han intentado, por medio de la crítica más astuta, destruir las palabras de Dios. Su objetivo no es la purificación, sino que aspiran a consumir el testimonio divino. Su trabajo es en vano, porque el Libro sagrado sigue siendo lo que fue siempre: las palabras limpias del Señor. Pero, afortunadamente, algunos de los conceptos erróneos sobre su significado han desaparecido entre las llamas.

Las palabras del Señor han sido sometidas a prueba frecuentemente. No sé cuánto más queda por llegar, pero sin duda los procesos ya han sido numerosos e intensos. Nada ha cambiado. El consuelo de nuestros padres es también el nuestro. Las palabras que alegraron nuestra juventud son nuestro apoyo en la ancianidad. Estas palabras de Dios son un fundamento firme, y nuestras esperanzas eternas están sabiamente edificadas sobre este fundamento. No podemos permitir que nadie nos prive de esta base de nuestra esperanza. En la antigüedad hubo hombres que prefirieron ser quemados antes que dejar de leer sus Biblias; nosotros soportamos una oposición menos brutal, pero mucho más sutil y difícil de resistir. Aun así, conservemos siempre las palabras eternas, porque estas siempre estarán a nuestro lado.

Las palabras del Bendito por siempre están inalteradas y son inalterables. Son plata sin escoria, que se conservará por los siglos. Esto es lo que creemos y en lo que nos gozamos. Tampoco es una carga para nuestra fe creer en la permanencia de las Sagradas Escrituras, porque estas palabras las pronunció aquel que es omnisciente y lo sabe todo; en ellas no puede haber ningún error. Las dijo Aquel que es omnipotente y puede hacerlo todo; sus palabras se cumplirán. Al haber sido dichas por Aquel que es inmutable, esas palabras jamás cambiarán. Las palabras que Dios pronunció hace miles de años son verdaderas en esta hora, porque proceden de Aquel que es el mismo ayer, hoy y por los siglos. Quien dijo esas palabras es infalible y, por lo tanto, sus palabras también lo son. ¿Cuándo se ha equivocado Dios? ¿Podría equivocarse y seguir siendo Dios?

Estas palabras de Dios son un fundamento firme, y nuestras esperanzas eternas están sabiamente edificadas sobre este fundamento.

LAS PRUEBAS DE LA PALABRA DE DIOS

Se nos dice que las palabras de Dios son como la plata que ha sido probada en un horno. Las palabras de Dios han sido probadas mediante la blasfemia, la ridiculización, la persecución, la crítica y las observaciones ingenuas. No me extenderé con un discurso sobre las pruebas históricas a las que se ha sometido el precioso metal de la revelación divina, pero mencionaré algunas de las más comunes que han llamado mi atención personal, y probablemente también la suya. Será algo más familiar, pero también más edificante.

Al tratar con la obstinación del pecador, hemos puesto a prueba las palabras del Señor. Hay hombres a los que no se puede convencer ni persuadir; dudan de todo y, con los dientes apretados, deciden no creer. Están metidos en una armadura de prejuicios y no se les puede herir ni con las flechas más agudas de la argumentación. ¿Qué se puede hacer con ese clan numeroso que está emparentado con el señor Obstinado? Es lo mismo que discutir con un tren expreso: sigue avanzando sin detenerse, aunque en su camino se interpongan mil personas. ¿Le convencerán acaso las palabras de Dios?

En este lugar hoy, hay algunos de quienes yo hubiera dicho, si los hubiera conocido antes de su conversión, que era inútil predicarles el evangelio porque amaban mucho el pecado y despreciaban las cosas de Dios. Curiosamente, fueron de los primeros en recibir la Palabra de Dios en cuanto oyeron lo que decía. Llegó a ellos con su majestad natural y con el poder del Espíritu Santo. La Palabra les habló con un tono autoritario a lo más hondo del corazón; abrió de par en par las puertas que llevaban tanto tiempo cerradas que sus bisagras se habían oxidado, y Jesús entró por ellas para salvar y reinar. Hermanos, solo hemos de tener fe en la Palabra de Dios y declararla directamente, y veremos cómo ceden los orgullosos rebeldes.

No hay ninguna mente que esté tan desesperadamente volcada en el mal, tan resueltamente opuesta a Cristo, que no se la pueda obligar a inclinarse ante el poder de las palabras de Dios. ¡Oh, si usáramos más la espada desnuda del Espíritu! Me temo que mantenemos esa espada de dos filos metida en su vaina y, de alguna manera, nos enorgullecemos de que tenga una ornamentación tan elaborada. ¿De qué sirve la vaina? Hay que desenfundar la espada, debemos luchar con ella sin intentar adornarla. Hemos de proclamar las palabras de Dios. No debemos omitir ni los terrores del Sinaí ni las notas de amor del Calvario. Debemos proclamar la Palabra con toda fidelidad, porque el poder del mayor pecador, el más obstinado, salido del propio infierno, puede quedar anulado por este medio. El Espíritu Santo usa la Palabra de Dios para derribar las barricadas del pecado y del yo en los corazones humanos con los que trata eficazmente. La Palabra de Dios soportará las pruebas que presente la dureza del corazón natural y, mediante su operación, demostrará su origen divino.

Cuando encontramos a un hombre muy quebrantado, que solo ha recorrido una parte del camino, surge una nueva dificultad. ¿Podrán las palabras del Señor superar el desespero del penitente? El hombre está dominado por el miedo, a consecuencia del pecado, y en el fondo de su ser ya siente arder el infierno. Ustedes pueden hablarle con cariño, pero su alma se niega a que la consuelen. A menos que consigan que las palabras del Señor le hagan efecto, "su alma abominó todo alimento" (Sal. 107:18). Háblenle de un Salvador que murió, de la gracia gratuita y del perdón pleno; hablen de la recepción del hijo pródigo y del amor inmutable del Padre.

Con el poder del Espíritu, estas verdades deben aportar luz a los que están sentados en las tinieblas. Las peores formas de depresión se curan cuando creemos las Sagradas Escrituras. A menudo me he sentido confuso cuando trabajaba con un alma convencida de pecado e incapaz de ver a Jesús, pero nunca he tenido la más mínima duda de que al final las palabras del Señor serían una copa de consolación para el corazón desfallecido. Podemos vivir confundidos durante un tiempo, pero si tenemos las palabras del Señor como nuestras armas, el desespero no nos derrotará. La Palabra de mi Maestro abre muy bien las puertas de la prisión; Él ha roto las puertas de bronce y ha despedazado los barrotes de hierro.

Debe ser una palabra maravillosa que, como un hacha de batalla, golpea el yelmo de la presunción y, al mismo tiempo, como el dedo del amor, toca la herida sensible que sangra y la cura en un instante. Las palabras del Señor, ya sea para quebrantar o para levantar, son muy eficaces.

> Podemos vivir confundidos durante un tiempo, pero si tenemos las palabras del Señor como nuestras armas, el desespero no nos derrotará.

En determinados casos, la singularidad de la persona que busca pone a prueba las palabras de Dios. ¡Con cuánta frecuencia nos han dicho las personas que estaban seguras de que no había nadie más como ellas en el mundo! Eran personas perdidas en un rincón, peces extraños que ningún océano produciría. Ahora bien, si realmente estas palabras vienen de Dios, deben ser capaces de influir en todos los casos. Las palabras de Dios se han sometido a esta prueba, y nos quedamos asombrados frente a su capacidad de adaptación universal. Hay un pasaje para cada caso notable y excepcional. En algunos casos, hemos oído acerca de un pasaje curioso, que nunca antes podíamos entender por qué se había escrito, pero que es evidente que es totalmente idóneo para una persona particular a la que ha llegado con autoridad divina. Ha quedado demostrado que las palabras de este Libro son de Dios, porque pueden adaptarse infinitamente a las diversas mentes que el Señor ha creado.

Personalmente, cuando he tenido problemas, he leído la Biblia hasta que un pasaje ha parecido saltar del Libro para saludarme, diciendo: "Fui escrito especialmente para ti". Me ha dado la impresión de que la historia hubiera estado en la mente del escritor cuando redactó ese pasaje; y así es como estaba en la mente del Autor divino que está detrás de todas esas páginas inspiradas. De este modo, las palabras del Señor han pasado la prueba de la adaptación a las idiosincrasias de las personas individuales.

A menudo nos encontramos con cristianos que han puesto a prueba las palabras de Dios en medio de graves problemas. Aquí apelo a la experiencia del pueblo de Dios. Han perdido ustedes a un hijo amado; ¿no hubo alguna palabra del Señor para consolarles? Perdieron sus bienes; ¿hubo algún pasaje de las Escrituras que compensara la desgracia? Les han insultado; ¿no ha habido una palabra que les consuele? Estaban muy enfermos y deprimidos. ¿No ha provisto el Señor un consuelo para ustedes en ese caso? No haré más preguntas. El hecho es que todas las veces que ustedes se han sentido exultantes, la Palabra del Señor estaba con ustedes; y todas las veces que han vivido hundidos, las Escrituras los acompañó. Ningún hijo de Dios ha estado jamás en una cuneta, pozo, cueva o abismo donde las palabras de Dios no pudieran hallarlo. ¡Cuán frecuentemente las promesas de la gracia nos acechan, listas para asombrarnos con su misericordia! Adoro la infinitud de la bondad de Dios reflejada en el espejo de las Escrituras.

La Palabra de Dios también es probada como guía en medio de la perplejidad. Este Libro es un oráculo para el hombre de corazón sencillo sumido en la perplejidad mental, moral y espiritual. ¡Oh, si la usáramos más! Tengan ustedes la seguridad de que jamás estarán en un laberinto tan complejo que este Libro, bendecido por el Espíritu, no les ayude a salir de allí. Esta es la brújula para todos los navegantes por el mar de la vida. Al usarla, siempre sabrán dónde está el norte. Permanezcan junto a las palabras del Señor y siempre sabrán qué camino seguir.

Amados, las palabras de Dios pasan otra prueba: nos sustentan en momentos de tentación. Uno puede escribir un libro que ayude a un hombre cuando es tentado en un sentido determinado, pero ¿le fortalecerá ese mismo libro cuando se sienta atraído en la dirección opuesta? ¿Pueden imaginar un libro que sea una valla tan completa que rodee a la persona por todas partes? Sin embargo, este Libro es así. Ni el propio diablo puede inventar una tentación que no se mencione en estas páginas. Llega hasta el creyente de toda condición y posición, y lo protege de todo mal. "¿Con qué limpiará el joven su camino? Con guardar tu palabra" (Sal. 119:9).

Permanezcan junto a las palabras del Señor y siempre sabrán qué camino seguir.

Por último, otra idea: este Libro ayuda a los hombres a morir. Créanme, ¡morir no es un juego de niños! Ustedes y yo nos encontraremos en esa solemne circunstancia, y entonces necesitaremos un consuelo poderoso. En esta tierra, nada me proporciona tanta estabilidad en la fe como lo hace visitar a miembros de esta iglesia cuando están a punto de morir. Es muy triste ver cómo se van apagando, o cómo les hacen sufrir sus dolores, pero a pesar de todo, la impresión primordial que recibe el visitante es más gozosa que triste. Hermanos, no resulta difícil abandonar este mundo cuando descansamos sobre ese antiguo y firme evangelio que les he estado predicando todos estos años. Puedo vivir y morir afirmado en las verdades eternas que les he proclamado, y esta certidumbre me hace predicar con osadía.

Ahora bien, si este volumen inspirador, con el maravilloso registro de las palabras de Dios, nos ayuda en las pruebas de la vida, nos dirige en nuestros caminos día tras día y nos permite capear la última gran tormenta, sin duda es inexpresablemente preciosa, "como plata refinada en horno de tierra, purificada siete veces" (Sal. 12:6).

LAS AFIRMACIONES DE LA PALABRA DE DIOS

Las afirmaciones que hacen estas palabras son numerosas. Primero, merecen que las estudiemos. Amados, ¿debo invitarles al escrutinio constante de las Escrituras inspiradas? ¡Aquí tengo la novela de más rabiosa actualidad! ¿Qué haré con ella? Tirarla al suelo. Este volumen sagrado es la más actual de las novelas. Para muchos de ustedes incluso podría ser un libro totalmente nuevo.

Tenemos una sociedad para ofrecer la Biblia a los lectores, pero nos faltan lectores. Me duele que, incluso para algunos que llevan el nombre de cristianos, las Sagradas Escrituras sea el libro menos leído en su biblioteca. El otro día, alguien que hablaba sobre un predicador comentó: "¿Cómo mantiene el interés de la congregación? ¿Es que siempre les ofrece algo nuevo?". "Sí", respondió el otro, "les da el evangelio, y en los tiempos que corren esto es siempre lo más nuevo". Y es realmente así; el viejo, viejo evangelio siempre es nuevo. La doctrina moderna solo es nueva en su nombre; después de todo, no es más que una amalgama de herejías caducas y especulaciones mohosas. Si Dios ha hablado, ¡escuchen! Si el Señor ha plasmado sus palabras en un Libro, estudien sus páginas con un corazón de fe. Si no lo aceptan como la Palabra inspirada por Dios, no puedo invitarles a que le presten ninguna atención particular, pero si la consideran el Libro de Dios, les exhorto a que estudien la Biblia diariamente. No traten al Dios eterno con falta de respeto, sino deléitense en su Palabra.

¿La leen? Entonces créanla. ¡Oh, quien creyera intensamente cada una de las palabras que Dios ha pronunciado! No la consideren un credo muerto, sino permitan que les sujete como lo haría una mano todopoderosa. No tengan controversias con ninguna de las palabras del Señor. Créanlas sin ninguna duda. Hasta que una doctrina no se convierte en una certeza absoluta para una persona, nunca conocerá su dulzura: la verdad tiene poca influencia en el alma hasta que la creemos plenamente.

Después, obedezcan el Libro. Háganlo de forma libre, con ánimo y constantemente. No se aparten de los mandamientos de Dios. ¡Que el Señor los perfeccione en toda buena obra, para hacer su voluntad! Aquellos que son inconversos, obedezcan esta palabra del evangelio. El arrepentimiento y la fe son, al mismo tiempo, los mandamientos y los dones de Dios; no los descuiden.

La verdad tiene poca influencia en el alma hasta que la creemos plenamente.

Además, estas palabras de Dios deben preservarse. No olviden una sola línea de la revelación de Dios. Puede que no conozcan la importancia particular del pasaje estudiado, pero no les toca a ustedes evaluar el valor proporcionado de las palabras de Dios: si el Señor ha hablado, estén dispuestos a morir por lo que Él ha dicho. A menudo me he preguntado si, según las nociones de algunas personas, existe alguna verdad por la que merecería la pena que un hombre fuera a la hoguera. Yo diría que no, porque conforme al concepto moderno no estamos seguros de nada. ¿Valdría la pena morir por una doctrina que quizá la semana que viene ya no será cierta? Los descubrimientos recientes quizá demuestren que hemos sido víctimas de una opinión anticuada. ¿No sería mejor que esperáramos para ver cómo se desarrolla todo?

Sería una pena ser quemado demasiado pronto o ir a la cárcel por un dogma que, en pocos años, quedará obsoleto. Hermanos, no podemos tolerar esta teología cambiante. ¡Que Dios nos envíe una raza de hombres dotados de firmeza! Hombres que creen algo y estén dispuestos a morir por lo que creen. Este Libro merece el sacrificio de nuestro todo para preservar todas y cada una de sus líneas.

Si creemos y defendemos la Palabra de Dios, proclamémosla. Salgan esta tarde y cuenten por las calles las palabras de esta vida. "La verdad es poderosa y prevalecerá", dicen; no prevalecerá a menos que la demos a conocer. La propia Biblia no obra maravillas hasta que sus verdades se dan a conocer. Anuncien entre los paganos que el Señor reina desde el madero. Cuenten entre las multitudes que el Hijo de Dios ha venido a salvar a los perdidos, y que todo el que crea en Él tendrá vida eterna. Den a conocer a todos los hombres que "de tal manera amó Dios al mundo, que ha dado a su Hijo unigénito, para que todo aquel que en él cree, no se pierda, mas tenga vida eterna" (Jn. 3:16). Todo esto no se hizo en un rincón; no lo guarden en secreto.

3

La infalibilidad de las Escrituras

RESUMEN:

Aunque Isaías habló al pueblo de Israel, lo que dijo era la Palabra de Dios. Primero, Spurgeon sostiene que esta debería ser nuestra justificación para enseñar la verdad escritural. Abordamos la tarea con temor y temblor, sabiendo cuán grande es la responsabilidad. Esto nos proporciona confianza y plena seguridad de nuestra tarea. En segundo lugar, Spurgeon demuestra en este pasaje el derecho que tiene la Palabra de Dios a llamar su atención. Debido a su majestad infinita, cada una de las palabras que pronuncia es digna de nuestra atención. En tercer lugar, Spurgeon demuestra que esto confiere a la Palabra de Dios un carácter muy especial. La Biblia es distinta a cualquier otro libro y ha sido sometida a pruebas exhaustivas. Debido a esto, constituye motivo de gran alarma para muchos. Por último, Spurgeon señala que la Palabra es la razón y el fundamento de nuestra fe.

CITAS DESTACADAS:

"Repetimos la Palabra como un niño repite sus lecciones escolares".

"Es una semilla viva y una semilla de vida, y por lo tanto debemos esparcirla diligentemente".

"Cada palabra que Dios nos ha dado en este Libro reclama nuestra atención debido a la majestad infinita de Aquel que la pronunció".

Sermón predicado por Charles H. Spurgeon el 11 de marzo de 1888. *Metropolitan Tabernacle Pulpit*, vol. 34.

3

La infalibilidad de las Escrituras

La boca de Jehová lo ha dicho.

ISAÍAS 1:20

LO QUE DIJO Isaías fue, por tanto, dicho por el Señor. El discurso fue pronunciado audiblemente por un hombre, pero en realidad era un mensaje del propio Señor. Los labios de Isaías transmitieron las palabras, pero aun así la verdad absoluta es que "la boca de Jehová lo ha dicho". Todas las Escrituras, siendo inspiradas por el Espíritu, han salido de la boca de Dios. Independientemente de cómo trate el mundo hoy a ese Libro sagrado, el Señor Jesucristo, nuestro Maestro y Señor, no lo trató con desprecio, ni con negligencia, ni con cuestionamiento. No deben preocuparse por cómo reverenciaba Él la Palabra escrita. El Espíritu de Dios descansaba sobre Él personalmente, sin medida, y podía comunicar desde su propia mente la revelación de Dios, y sin embargo, no cesaba de citar la ley, los profetas y el libro de Salmos. Siempre trató los escritos sagrados con una intensa reverencia, algo que supone un contraste radical con la irreverencia del "pensamiento moderno".

Hermanos, estoy seguro de que no podemos equivocarnos al imitar el ejemplo de nuestro Señor divino en nuestra reverencia por las Escrituras, que no pueden ser quebrantadas. Si Él, el Ungido del Espíritu y capaz de hablar personalmente como la boca de Dios, citó aun así los escritos sagrados y usó el Libro santo en sus enseñanzas, ¿cuánto más nosotros, que no tenemos espíritu de profecía que descanse sobre nosotros y no podemos transmitir revelaciones nuevas, no debemos regresar a la ley y al testimonio, y valorar cada una de las palabras que "la boca de Jehová ha dicho"?

En los apóstoles de nuestro Señor apreciamos una valoración semejante de la Palabra del Señor. Ellos consideraron que las antiguas Escrituras estaban dotadas de una autoridad suprema, y respaldaron sus afirmaciones con pasajes extraídos de ellas. Los escritores del Nuevo Testamento prestan al Antiguo el máximo grado de deferencia y de homenaje. Nunca encontramos a un apóstol cuestionando el grado de inspiración en este o en aquel libro. Ningún discípulo de Jesús cuestiona la autoridad de los libros de Moisés o de los profetas. Si alguien desea poner reparos o sospechar, no encontrará ninguna simpatía en las enseñanzas de Jesús y de sus apóstoles. Los escritores del Nuevo Testamento se sientan con reverencia ante el Antiguo, y reciben las palabras de Dios como tales, sin hacer ni un solo cuestionamiento.

Ustedes y yo pertenecemos a una escuela de pensamiento que seguirá haciendo lo mismo; que otros adopten la conducta que deseen. En cuanto a nosotros y nuestra casa, este Libro inestimable seguirá siendo el estándar de nuestra fe y el fundamento de nuestra esperanza mientras sigamos en esta vida. Otros podrán elegir los dioses que quieran y obedecer a las autoridades que prefieran, pero en cuanto a nosotros, el glorioso Jehová es nuestro Dios, y respecto a cada doctrina de la Biblia creemos que "la boca de Jehová lo ha dicho".

NUESTRA JUSTIFICACIÓN PARA ENSEÑAR LA VERDAD ESCRITURAL

Predicamos porque "la boca de Jehová lo ha dicho". No valdría la pena transmitir lo que dijo Isaías si esas palabras fueran nada más que los pensamientos del profeta; tampoco querríamos meditar hora tras hora en los escritos de Pablo si en ellos no encontráramos nada más que a Pablo. No sentimos un llamado imperioso a exponer e imponer lo que han dicho los hombres. Pero como "la boca de Jehová lo ha dicho", ¡ay de nosotros si no predicamos el evangelio! Acudimos ante ustedes con "así dice el Señor", y si no tuviéramos este mensaje tampoco tendríamos un motivo justificado para predicar durante toda la vida.

El auténtico predicador transmite su mensaje con temor y temblor, porque "la boca de Jehová lo ha dicho". Esta persona lleva la carga del Señor y se humilla bajo ella. Nuestro tema no es insignificante, sino uno que conmueve toda nuestra alma. Martín Lutero, que nunca temió el rostro de ningún hombre, declaró que cuando se levantaba para predicar a menudo sentía que le entrechocaban las rodillas, debido al peso de su enorme responsabilidad. ¡Ay de nosotros si nos atrevemos a transmitir la Palabra del Señor poniendo menos que todo nuestro corazón, alma y fuerzas! ¡Ay de nosotros si usamos la Palabra como si nos diera una oportunidad de lucirnos!

Si fueran nuestras propias palabras, podríamos estudiar este arte de la oratoria, pero si se trata de la Palabra de Dios no podemos permitirnos pensar en nosotros mismos. Nos vemos obligados a transmitirla "no con sabiduría de palabras, para que no se haga vana la cruz de Cristo" (1 Co. 1:17). Si sentimos reverencia por la Palabra, no se nos ocurrirá que podamos mejorarla gracias a nuestra habilidad con el lenguaje.

¡Oh!, es mucho mejor partir piedras en la carretera que ser predicador, a menos que uno tenga el Espíritu Santo de Dios para sostenerlo, porque nuestra misión es solemne y nuestra carga es pesada. El corazón y el alma del hombre que habla en nombre de Dios no conocerán la paz, porque escucha en sus oídos esta admonición a modo de advertencia: "si el centinela... no toca la alarma para advertir a la gente... Todos morirán..., pero haré responsable al centinela por la muerte de ellos" (Ez. 33:6, NTV).

Si se nos encargara repetir las palabras de un rey, estaríamos obligados a hacerlo con decoro para evitar menoscabar la imagen del monarca. Pero si exponemos la revelación de Dios, un profundo temor reverente y santo debería invadirnos para no perjudicar el mensaje de Dios al transmitirlo. Ningún trabajo es más importante u honorable que la proclamación del evangelio de nuestro Señor Jesús, y por este mismo motivo está imbuido de una responsabilidad tan solemne que nadie puede dedicarse a ella a la ligera. Vivimos bajo la presión intensa de predicar un evangelio del que podamos decir con seguridad: "la boca de Jehová lo ha dicho". Vivimos más bien en la eternidad y no en el tiempo: les hablamos como si viéramos el gran trono blanco y al Juez divino ante quien debemos dar cuentas no solo por lo que decimos sino también por cómo lo decimos.

Amados hermanos, como la boca del Señor ha transmitido la verdad de Dios, nosotros nos esforzamos por predicarla con una fidelidad absoluta. Repetimos la Palabra como un niño repite sus lecciones escolares. No nos toca corregir la revelación divina, simplemente transmitirla. Si creo que "la boca de Jehová lo ha dicho", mi deber es repetirlo para ustedes todo lo correctamente que pueda hacerlo, después de haberlo escuchado y haberlo sentido en mi propia alma. ¡No es mi labor corregir o adaptar el evangelio! El infinitamente Sabio, ¿será corregido por las criaturas que viven un día? La revelación infalible del Jehová infalible, ¿tendrá que modelarse, moderarse y adaptarse a las modas y a las preferencias de una época? Dios no quiera que hayamos alterado su Palabra sin saberlo; a sabiendas no lo hemos hecho ni lo haremos.

Sus hijos se sientan a sus pies y reciben sus palabras, y luego se levantan con el poder de su Espíritu para anunciar por todas partes la Palabra que el Señor les ha concedido. La instrucción que nos da el Señor es: "El que tiene mi palabra, que la transmita con fidelidad". Si podemos permanecer en el Padre conforme a nuestra capacidad, como hizo el Señor Jesús, y luego salir de la comunión con Él para explicar lo que nos ha enseñado en su Palabra, el Señor debería aceptarnos como predicadores y deberíamos ser aceptos también a su pueblo viviente mucho más que si nos sumergiéramos en las grandes profundidades de la ciencia o nos eleváramos a las más altas esferas de la oratoria. ¿Qué es la paja para el trigo? ¿Qué son los descubrimientos humanos para las enseñanzas del Señor?

Una vez más, queridos amigos, como "la boca de Jehová lo ha dicho", transmitimos la verdad divina con valor y con plena seguridad. La modestia es una virtud, pero la vacilación cuando hablamos en nombre del Señor es una gran falta. Si un embajador enviado por un gran rey para representar su majestad en una corte extranjera olvidara su cargo y pensara solo en sí mismo, podría llegar a ser humilde hasta el punto de rebajar la dignidad de su príncipe y tímido hasta el punto de traicionar el honor de su país. Está obligado a recordar no tanto lo que él es en sí mismo, sino a quién representa; por consiguiente, debe hablar con valor y con la dignidad de su cargo y de la corte a la que representa. No buscamos la tolerancia ni el aplauso cortesano. Predicamos a Cristo crucificado y hablamos osadamente como debemos hacerlo, porque es la Palabra de Dios y no la nuestra. Se nos acusa de dogmatismo, pero estamos obligados a ser dogmáticos cuando repetimos aquello que ha pronunciado la boca del Señor. No podemos usar el "si" condicional ni el "pero", porque estamos hablando de los "será" y "se hará" de Dios. Si Él dice que es así, es así, y ahí acaba el asunto. Cuando Jehová habla, se acabó la discusión.

Quienes apartan a un lado la autoridad de nuestro Maestro pueden rechazar nuestro testimonio; no nos debe importar que lo hagan. Pero si decimos aquello que ha hablado la boca del Señor, quienes escuchan su Palabra y la rechazan lo hacen por su cuenta y riesgo. La ofensa no es para el embajador sino para el Rey; no para nuestros labios sino para la boca de Dios, de la que procede toda verdad.

> La modestia es una virtud, pero la vacilación cuando hablamos en nombre del Señor es una gran falta.

Se nos exhorta a ser caritativos. Lo somos, pero con nuestro propio dinero. No tenemos derecho a regalar lo que se nos ha confiado y no está a nuestra disposición. Somos valientes al declarar con plena seguridad lo que revela el Señor. Cuando hablamos en nombre del Señor contra los errores, no suavizamos el tono, sino que hablamos truenos. Cuando nos encontramos con una ciencia falsa, no arriamos nuestra bandera; no, ni por un momento. Una palabra de Dios vale más que bibliotecas enteras de sabiduría humana. "Está escrito" es la gran pistola que silencia todos los cañones del pensamiento humano. Quienes hablan en el nombre del Señor, el Dios de Israel, deben hablar con valentía.

También añadiré que, dado que "la boca de Jehová lo ha dicho", nos sentimos impulsados a transmitir su Palabra con diligencia con toda la frecuencia que podamos, y con perseverancia, mientras vivamos. Sin duda sería una bendición morir en el púlpito, dedicando el último aliento a actuar como la boca del Señor. Los días de reposo silenciosos son pruebas arduas para los auténticos predicadores. Si tuviéramos temas comunes de los que hablar, podríamos abandonar el púlpito como un solicitante cansado se va del foro, pero como "la boca de Jehová lo ha dicho", sentimos que su Palabra es como fuego en nuestros huesos, y nos cansamos más de refrenarnos que de dar testimonio. La Palabra del Señor es tan preciosa que debemos sembrar por la mañana esta bendita semilla, y por la tarde no debemos detener nuestras manos. Es una semilla viva y una semilla de vida y, por lo tanto, debemos esparcirla diligentemente.

Hermanos, si comprendemos la verdad del evangelio, nos inducirá a transmitirla con gran ardor y celo. No hablaremos de forma monótona, produciendo sueño a un puñado de oyentes. Muchos de ustedes no son predicadores, pero son maestros de los jóvenes, o de alguna otra manera intentan extender la Palabra del Señor; les ruego que lo hagan con mucho fervor del Espíritu. El entusiasmo debería ser propio de todo siervo del Señor. Hagan que quienes los escuchan sepan que están muy presentes con ellos, que no hablan simplemente de labios para afuera, sino que, desde las profundidades de su alma, su propio corazón se desborda. Vale la pena predicar el evangelio eterno, incluso estando en medio de una pira de leños ardiendo, dirigiéndose a la multitud desde un púlpito de llamas. Merece la pena vivir y morir por las verdades que se revelan en las Escrituras. Me considero triplemente bendito por recibir reproches a causa de la fe antigua. Es un honor del que me considero indigno.

No puedo expresar todo lo que hay en mi corazón sobre este tema que me es tan querido, pero quisiera estimularles a estar activos, a tiempo y fuera de tiempo, en la extensión del mensaje del evangelio. Sobre todo, repitan palabras como estas: "Porque de tal manera amó Dios al mundo, que ha dado a su Hijo unigénito, para que todo aquel que en él cree, no se pierda, mas tenga vida eterna" (Jn. 3:16). O estas: "al que a mí viene, no le echo fuera" (Jn. 6:37). Díganlo con valentía, en todo lugar, a toda criatura, porque "la boca de Jehová lo ha dicho". ¿Cómo pueden quedarse para sí mismos las noticias celestiales? Susúrrenlas en los oídos de los enfermos; grítenlas en las esquinas de las calles; escríbanlas en sus agendas; mándenlas a los periódicos, pero que en todo lugar este sea su gran motivo y su justificación: predican el evangelio porque "la boca de Jehová lo ha dicho". Sabiendo que el Señor ha dado la Palabra por medio de su propio Hijo amado, que nada que tenga voz guarde silencio.

EL DERECHO DE LA PALABRA DE DIOS A LLAMAR SU ATENCIÓN

Cada palabra que Dios nos ha dado en este Libro reclama nuestra atención debido a la majestad infinita de Aquel que la pronunció. Veo ante mis ojos un parlamento de reyes y príncipes, sabios y senadores. Escucho a un talentoso Crisóstomo tras otro derramar elocuencia como los de "pico de oro". Hablan, y hablan bien. De repente, se produce un silencio solemne. ¡Cuánta quietud! ¿Quién hablará ahora? Están callados porque Dios el Señor está a punto de dejar oír su voz. ¿No es pertinente que lo hagan? ¿Qué voz es como la suya? No rechacen nunca a Aquel que habla.

Que no se diga de ustedes que pasaron por esta vida, mientras Dios les hablaba en su Libro, ¡y se negaron a escuchar! Importa muy poco si me escuchan a mí o no, pero es trascendental que escuchen a Dios o no lo hagan. Él es quien los creó; su aliento está en sus manos, y si Él habla, les imploro que abran sus oídos y no sean rebeldes. En cada línea de las Escrituras, hay una majestad infinita, pero sobre todo en aquella parte donde el Señor se revela a sí mismo y su glorioso plan de salvación por gracia en la persona de su amado Hijo, Jesucristo. La cruz de Cristo tiene muchos derechos sobre ustedes. Escuchen lo que predicó Jesús desde el madero. Allí dijo: "Inclinad vuestro oído, y venid a mí; oíd, y vivirá vuestra alma" (Is. 55:3).

El derecho que tiene Dios a que lo escuchen radica también en la condescendencia que lo llevó a hablarnos. Fue importante que Dios creara el mundo y nos pidiera que miráramos las obras de sus manos. La Creación es un libro de imágenes para niños. Pero, si lo piensan, que Dios hable en el idioma de los hombres mortales es aún más maravilloso. Me maravilla que Dios hable por los profetas, pero admiro incluso más que haya escrito su Palabra en negro sobre blanco, en un lenguaje inconfundible, que puede traducirse a todas las lenguas, de modo que todos podamos ver y leer por nosotros mismos qué nos ha dicho Dios el Señor y qué, sin duda alguna, sigue diciendo. ¡Oh, Señor glorioso! ¿Le hablas al hombre mortal? ¿Puede haber alguien que no quiera escucharte? Si estás tan lleno de misericordia y de ternura que desciendes desde el cielo para conversar con tus criaturas pecadoras, ¡nadie sino aquellos que sean más ignorantes que el buey y el asno cerrarán sus oídos a tus palabras!

Por lo tanto, la Palabra de Dios tiene derecho a su atención debido a su majestad y a su condescendencia, pero además debe atraerla debido a su importancia intrínseca. Dios nunca habla en vano. Ninguna de las líneas de su escrito habla de temas frívolos de una época. Aquello que puede olvidarse en una hora es para el hombre mortal, no para el Dios eterno. Cuando el Señor habla, su mensaje es divino y sus temas son dignos de aquel cuya morada está en la infinitud y en la eternidad.

Dios no juega con nosotros, los mortales. ¿Jugaremos acaso con Él? ¿Lo trataremos como si fuera igual que nosotros? Dios va en serio cuando habla con nosotros. ¿No lo escucharemos con seriedad? Nos habla de grandes cosas, que tienen que ver con nuestra alma y su destino. Nuestra existencia eterna, nuestra felicidad o nuestra tristeza dependen de cómo tratemos lo que la boca del Señor ha hablado. En lo relativo a las realidades eternas, Él nos habla. Espero que no seamos tan insensatos como para apartar nuestro oído. No actuemos como si el Señor y su verdad no fueran nada para nosotros. No tratemos la Palabra del Señor como algo secundario que puede esperar a nuestro tiempo de ocio y recibir nuestra atención cuando no tengamos nada más que hacer. Dejemos todo a un lado, pero prestemos atención a nuestro Dios.

> Cada palabra que Dios nos ha dado en este Libro reclama nuestra atención debido a la majestad infinita de Aquel que la pronunció.

Podemos estar seguros de que, si "la boca de Jehová lo ha dicho", existe una necesidad urgente, apremiante. Dios no rompe el silencio para decir algo que podría haberse quedado por decir. Su voz indica una gran urgencia. Si escuchamos hoy su voz, debemos hacerle caso, porque reclama nuestra atención inmediata. Dios no habla si no hay motivos abundantes y, ¡oh!, si nos habla mediante su Palabra, ¡debe haber una causa abrumadora para ello!

Sé lo que dice Satanás: nos dice que no necesitamos escuchar la Palabra de Dios. Sé que nuestro corazón carnal susurra: "Escucha a la voz de los negocios y del placer, pero no escuches a Dios". Pero ¡oh!, si el Espíritu Santo nos enseña a ser razonables y pone en nuestra mente la verdadera sabiduría, admitiremos que lo primero que debemos hacer es atender a nuestro Creador. Ya escucharemos las voces de otros en otro momento, pero nuestro oído debe escuchar primero a Dios, dado que es el primero y lo que Él dice debe tener una importancia primordial.

No se demoren, apresúrense a guardar sus mandamientos. Respondan a su llamado sin reserva alguna. Cuando me subo a este púlpito para predicar el evangelio, no siento que pueda invitarlos con calma a atender un tema que es uno entre muchos y que se puede dejar apartado durante un tiempo si sus mentes ya están ocupadas. No. Quizá estén muertos antes de que pueda dirigirme de nuevo a ustedes, de modo que les pido una atención inmediata. No temo que les esté apartando de otros negocios importantes al rogarles que presten atención a lo que ha dicho el Señor; porque ningún otro tema tiene importancia cuando se compara con esto. Esta es una cuestión que está por encima de cualquier otra cosa. Estamos hablando de su alma, su propia alma, su alma eterna, y es su Dios quien les habla. Les ruego que lo escuchen.

Cuando les pido que escuchen la Palabra de Dios no les estoy pidiendo un favor; es una deuda con su Hacedor que deben saldar. Sí, y además es amor por uno mismo. Les exhorto, incluso desde un punto de vista egoísta, a que escuchen lo que la boca del Señor ha dicho, porque en su Palabra hay salvación. Escuchen con diligencia lo que su Creador, su Salvador, su mejor Amigo, tiene que decirles.

EL CARÁCTER DE LA PALABRA DE DIOS

Cuando abrimos este Libro sagrado y decimos que "la boca de Jehová lo ha dicho", esto confiere a la enseñanza un carácter especial.

En la Palabra de Dios, la enseñanza tiene una dignidad única. Este Libro está inspirado como ningún otro libro y ya es hora de que todos los cristianos respalden esta convicción. ¿Dónde estamos si desaparecen nuestras Biblias? ¿Dónde estamos si nos enseñan a desconfiar de ellas? Si dudamos sobre qué partes son inspiradas y cuáles no, estamos en tan mala situación como si no tuviéramos una Biblia. Yo no defiendo una teoría de la inspiración; acepto la inspiración de las Escrituras como un hecho.

Quienes tienen este concepto de las Escrituras no deben avergonzarse de su posición, porque algunos de los mejores hombres, los más sabios, han sido de la misma opinión. En el bando de la

Palabra de Dios, hay aquellos de quien no avergonzarse en materia de inteligencia y sabiduría, y aunque no fuera así, eso no debería desanimarles cuando recuerdan que el Señor ha escondido estas cosas de los sabios y de los entendidos y las ha revelado a los niños. Creemos, junto con el apóstol, que "lo insensato de Dios es más sabio que los hombres" (1 Co. 1:25). Es mejor creer lo que sale de la boca de Dios y ser llamados necios que creer lo que sale de los labios de los filósofos y ser considerados sabios.

Además, lo que sale de la boca del Señor está envuelto en una certidumbre absoluta. Lo que ha dicho un hombre, aun cuando sea cierto, es insustancial. Es como intentar agarrar la niebla: no tiene cuerpo. Pero en el caso de la Palabra de Dios, uno sí que tiene dónde aferrarse, algo que se puede tener y sostener. Posee sustancia y realidad. Aunque pasen el cielo y la tierra, no pasará ni una jota ni una tilde de lo que ha dicho Dios. Sabemos esto y nos sentimos confortados. Dios no puede equivocarse; Dios no puede mentir. Se trata de postulados que nadie puede discutir.

Una vez más, si "la boca de Jehová lo ha dicho", en esta afirmación hallamos el carácter especial de la fijeza más inmutable. Una vez lo ha dicho Dios no es solo así ahora, sino debe serlo siempre. El Señor de los ejércitos ha hablado, ¿y quién lo contradirá? La roca de la Palabra de Dios no oscila como las arenas movedizas de la teología científica moderna. Para saber en qué punto exacto se encuentra la teología científica moderna, uno tendría que leer los diarios de la mañana, porque no deja de ir de un lado para otro y de cambiar. Lo único seguro de la ciencia falsa de esta era es que pronto se demostrará su error. Los grandes científicos viven de matar a quienes los precedieron. No saben nada con seguridad, excepto que sus predecesores estaban equivocados.

No podemos adaptar nuestra creencia religiosa a algo que cambia más que la luna. Que lo intente quien quiera. En cuanto a mí, si "la boca de Jehová lo ha dicho", en este año de gracia de 1888 es cierto. Y si me encuentro ante ustedes en 1908, siendo ya un anciano de pelo gris, no me verán contradecir el ultimátum divino. Hermanos y hermanas, tenemos la esperanza de estar juntos delante del trono eterno, donde se inclinan los deslumbrantes serafines, y ni siquiera entonces nos avergonzaremos de proclamar esa misma verdad de la que nos alimentamos hoy, procedente de la mano de nuestro Dios.

> La roca de la Palabra de Dios no oscila como las arenas movedizas de la teología científica moderna.

Quiero añadir aquí que, en la Palabra de Dios, hay algo único debido al poder todopoderoso que la respalda. "La palabra del rey es con potestad" (Ec. 8:4); la palabra de un Dios es con omnipotencia. Si estudiáramos más la Palabra del propio Dios, veríamos resultados mucho más grandes de nuestra predicación. Lo que salva las almas es la Palabra de Dios, no nuestros comentarios sobre ella. Las almas mueren por la espada, no por la vaina, ni tampoco por las borlas que adornan su empuñadura. Si se expone la Palabra de Dios con toda su sencillez originaria, nadie puede permanecer en pie ante ella. Los adversarios de Dios no pueden por menos que fracasar ante la Palabra, como la paja perece en el fuego. ¡Oh, quién tuviera la sabiduría para estar más y más cerca de lo que la boca del Señor ha dicho!

UNA RAZÓN PARA LA GRAN ALARMA DE MUCHOS

¿Les puedo leer todo el versículo? "Si no quisiereis y fuereis rebeldes, seréis consumidos a espada; porque la boca de Jehová lo ha dicho".

Todas las amenazas que Dios ha proferido, por el hecho de que las ha dicho Él, producen un tremendo pánico. Tanto si Dios amenaza a un hombre, a una nación o a toda la categoría de los impíos, si estos son sabios, caerán presas de cierto temblor. Hasta hoy, Dios no ha pronunciado una amenaza que haya quedado sin cumplimiento. Cuando dijo a Faraón lo que iba a hacer, lo hizo. Cuando el Señor, en algún momento, envió a sus profetas para que emitieran juicios sobre las naciones, cumplió esos juicios. Pregunten a los viajeros acerca de Babilonia, Nínive, Edom, Moab y Basán, y les hablarán de montones de escombros, que demuestran que el Señor cumplió sus advertencias al pie de la letra.

Uno de los sucesos más terribles registrados en la historia es el asedio de Jerusalén. Sin duda que lo han leído, en Josefo o en otros escritos. Lo habían predicho los profetas, y sus profecías se cumplieron hasta el amargo final. Decimos que Dios es "amor", y si con esto quieren decir que no es severo cuando castiga el pecado, les pregunto cómo entienden la destrucción de Jerusalén. Recuerden que los judíos fueron su nación elegida y que la ciudad de Jerusalén fue el lugar donde su templo se vio glorificado por su presencia. Hermanos, si hacen una ruta entre Edom y Sion, y van de Sion a Sidón, y de Sidón a Moab, encontrarán, entre ciudades en ruinas, la prueba de que las palabras de juicio de Dios son certeras.

Por lo tanto, confíen en que cuando Jesús dice "irán estos al castigo eterno" (Mt. 25:46), eso es lo que pasará. Cuando dice "si no creéis que yo soy, en vuestros pecados moriréis" (Jn. 8:24), eso es lo que sucederá. El Señor nunca juega a asustar a las personas. Su Palabra no es una exageración para espantar a las personas con pesadillas imaginarias. Lo que dice el Señor contiene una verdad enfática. Siempre ha cumplido sus amenazas al pie de la letra, y hasta el último momento seguirá haciéndolo.

No sirve de nada sentarse y sacar conclusiones a partir de la naturaleza de Dios y argüir: "Dios es amor y, por lo tanto, no ejecutará su sentencia contra los impenitentes". Él sabe lo que hará mejor de lo que ustedes pueden imaginar. No nos ha dejado haciendo deducciones, porque ha hablado sin rodeos y claramente. Dice "el que no creyere, será condenado" (Mr. 16:16), y así será, "porque la boca de Jehová lo ha dicho". Deduzcan lo que quieran de su naturaleza, pero si sacan una deducción contraria a lo que Él ha dicho, esta será falsa, y comprobarán que lo es.

"¡Ay!", dirá alguno, "me estremezco al pensar en la severidad de la sentencia divina". ¿De verdad? ¡Pues estupendo! Los terrores del Señor bien pueden convertir el acero en cera. Recordemos que el baremo de la verdad no es nuestro placer ni nuestro terror. Lo que puede descalificar lo que ha dicho la boca de Jehová no es mi estremecimiento. Este puede ser incluso una prueba de su veracidad. ¿Acaso no temblaban todos los profetas cuando Dios se les manifestaba? Uno de los últimos videntes cayó a los pies del Señor como muerto. Sin embargo, nunca usaron todo ese temor propio de su naturaleza como argumento a favor de las dudas.

¡Oh, mis oyentes inconversos e incrédulos, recuerden que si rechazan a Cristo y se lanzan contra el filo agudo de la espada de Jehová, el hecho de que no crean en el juicio eterno no lo alterará ni les librará de él! Sé por qué no creen en esas terribles amenazas: es porque quieren pecar con tranquilidad. ¿Cómo van a creer en aquello que los condena? ¡Ah, amigos míos! Si creyeran que es cierto y actuaran en consecuencia, descubrirían también en lo que la boca del Señor ha dicho una vía de escape de la ira venidera, porque el Libro está más lleno de esperanza que de terror. Este volumen inspirado rebosa de la leche de la misericordia y de la miel de la gracia. No es un libro condenatorio lleno de ira, sino un Testamento de gracia.

Aun así, incluso si no creen en sus advertencias amorosas ni aprecian sus sentencias justas, estas no dejan de ser ciertas. Si se arriesgan a sus truenos, si pisotean sus promesas, e incluso si lo queman movidos por la ira, el Libro sagrado sigue inalterado e inalterable, porque "la boca de Jehová lo ha dicho". Por lo tanto, les ruego que traten las Sagradas Escrituras con respeto y que recuerden que "estas se han escrito para que creáis que Jesús es el Cristo, el Hijo de Dios, y para que creyendo, tengáis vida en su nombre" (Jn. 20:31).

LA RAZÓN Y EL CIMIENTO DE NUESTRA FE

"La boca de Jehová lo ha dicho" constituye el fundamento de nuestra confianza. Hay perdón, porque Dios lo ha dicho. Amigos, a lo mejor alguno me dice: "No puedo creer que mis pecados puedan ser borrados. Me siento muy indigno". Sí, pero es que "la boca de Jehová lo ha dicho". Crean a pesar de su sensación de indignidad. "¡Ah!", dice otro, "me siento tan débil que apenas puedo pensar, ni orar ni nada más como debiera hacerlo". ¿Es que no está escrito "porque Cristo, cuando aún éramos débiles, a su tiempo murió por los impíos"? "La boca de Jehová lo ha dicho" (Ro. 5:6); por lo tanto, créanlo a pesar de su incapacidad, porque así debe ser.

Me parece escuchar a algún hijo de Dios que dice: "Dios ha dicho 'Nunca te dejaré, ni te desampararé', pero yo tengo grandes problemas. Todas las circunstancias de mi vida parecen contradecir esa promesa". Aun así, "la boca de Jehová lo ha dicho" y la promesa permanece. "Confía en Jehová, y haz el bien; y habitarás en la tierra, y te apacentarás de la verdad" (Sal. 37:3). Crean en Dios a pesar de las circunstancias. Si no ven una vía de escape o un medio que los ayude, sigan creyendo en el Dios invisible y en la verdad de su presencia. Creo que yo mismo he llegado al punto, de que, cuando mis circunstancias niegan la promesa, la creo a pesar de todo. Cuando los amigos me abandonan y los enemigos me contradicen, cuando mi propio espíritu se sume en lo más hondo y estoy deprimido hasta el punto del desespero, estoy decidido a aferrarme a la Palabra del Señor y demostrar que es, por sí sola, un respaldo más que suficiente. Creeré a Dios antes que a todos los demonios del infierno, a Dios en lugar de a Ahitofel, Judas, Dimas y todos los otros traidores; sí, incluso en contra de mi propio corazón malvado. Su propósito permanecerá siempre.

En un momento dado, todos moriremos. El sudor de la muerte perlará nuestra frente, y quizá nuestra lengua apenas nos sirva ya de nada. ¡Oh, que podamos decir entonces, como el gran emperador alemán, Guillermo I: "Mis ojos han visto tu salvación"! Cuando pasemos por los ríos, Él estará con nosotros, y las muchas aguas no nos ahogarán, porque "la boca de Jehová lo ha dicho". Cuando pasemos por el valle de sombra de muerte, no temeremos mal alguno, porque Él estará con nosotros; su vara y su cayado nos consolarán. ¡Ah! ¿Cómo será cuando nos soltemos de estas cadenas y ascendamos a la gloria? Pronto veremos al Rey en toda su belleza y seremos glorificados en su gloria, porque "la boca de Jehová lo ha dicho". "El que cree en mí, tiene vida eterna" (Jn. 6:47), por lo tanto, una eternidad bendita ya es nuestra.

Hermanos, no hemos creído fábulas astutamente elaboradas. Descansamos sobre terreno firme. Nos hallamos donde descansan el cielo y la tierra, el punto del que depende todo el universo, donde incluso tienen su fundamento las cosas eternas: descansamos en el propio Dios. Si Él nos falla, nos hundiremos gloriosamente con todo el universo. Pero no tenemos miedo de eso; así que confiemos y no tengamos temor. Su promesa debe permanecer, porque "la boca de Jehová lo ha dicho". ¡Oh, Señor!, con eso basta.

4

La Palabra de Cristo que mora en nosotros

RESUMEN:

Podemos considerar la totalidad de la Biblia como la "palabra de Cristo". Spurgeon comienza diciendo cómo debemos tratar las Escrituras. Para que las Escrituras habiten en nosotros, debemos conocerlas y creerlas. Cuando ya han penetrado en nuestro ser, debemos dejar que permanezcan allí y sean nuestro amigo más íntimo. Spurgeon luego nos dice cómo aprovechar la Palabra de Cristo. Debemos buscarla para nuestro beneficio y para el de los demás. También ayuda a mejorar nuestra relación con el propio Dios.

CITAS DESTACADAS:

"El que lee la Biblia ama siempre la Biblia, y quien escudriña la Biblia es el hombre que la estudia más y más".

"La oración es la hoja de la rosa, pero la alabanza es la propia rosa, envuelta en el perfume más intenso".

Sermón predicado por Charles H. Spurgeon el 10 de abril de 1881. *Metropolitan Tabernacle Pulpit*, vol. 46.

4

La Palabra de Cristo que mora en nosotros

La palabra de Cristo more en abundancia en vosotros, enseñándoos y exhortándoos unos a otros en toda sabiduría, cantando con gracia en vuestros corazones al Señor.

COLOSENSES 3:16

ESTE ES UN nombre muy hermoso para las Sagradas Escrituras, que según recuerdo no he encontrado en ningún otro lugar: "*La palabra de Cristo* more… en vosotros". Recuerden, queridos amigos, que el propio Cristo es el Verbo de Dios, y también que las Escrituras son la palabra del Verbo. Son "la palabra de Cristo". Creo que serán más dulces para ustedes si se dan cuenta de que les hablan de Cristo, quien es la suma y la sustancia de ellas; y que les dirigen a Cristo; de hecho, como dice Juan en su Evangelio, que "se han escrito para que creáis que Jesús es el Cristo, el Hijo de Dios, y para que creyendo, tengáis vida en su nombre" (Jn. 20:31).

Recuerden además que las Escrituras nos vienen de Cristo. Cada promesa de este bendito Libro es una promesa de Cristo, porque "todas las promesas de Dios son en él Sí, y en él Amén, por medio de nosotros, para la gloria de Dios" (2 Co. 1:20). Ciertamente, podemos considerar que la totalidad de las Sagradas Escrituras, desde el principio de Génesis hasta el final de Apocalipsis, son "la palabra de Cristo".

CÓMO TRATAR LAS ESCRITURAS

Para que la Biblia more en ustedes, *primero debe entrar en su ser.* Queda implícito en nuestro pasaje que el apóstol dice: "la palabra de Cristo more en abundancia en vosotros". Deben leerla o escucharla, porque a menos que lo hagan, no sabrán qué hay en ella.

Sin embargo, tiene que haber algo más que la mera escucha o lectura de la Palabra, porque hay algunos que la escuchan con un oído, pero les sale por el otro, y otros son grandes lectores pero, según parece, solo leen lo que está en la superficie. Las letras pasan bajo su mirada, pero el profundo significado espiritual nunca entra en sus corazones. Si leen ustedes una porción de las Escrituras cada día, les felicito por ello. Si han convertido en una práctica leer la Biblia entera en un periodo de tiempo determinado, les felicito aún más. Algunos que conozco leen la Biblia entera cada año.

Esto está bien, pero aun así puede hacerse y que "la palabra de Cristo" nunca haya penetrado en el ser del lector. Ya saben cómo aprenden a veces los niños sus lecciones. Me temo que en muchas escuelas no se imparte una verdadera enseñanza. Los eruditos no tienen más que repetir sus lecciones sin llegar nunca al sentido y al significado de ellas y, una o dos semanas después, los alumnos se han olvidado de todo lo que se suponía que debían aprender.

No permitan que sea así con su conocimiento de las Escrituras. En lugar de eso, que "more en abundancia en vosotros".

Ustedes deben conocer de verdad el significado espiritual de las Escrituras; deben creerlas; deben vivir basándose en ellas; deben beber de ellas; deben permitir que empapen hasta lo más íntimo de su ser, como el rocío saturó el vellón de Gedeón. No basta con tener una Biblia en la estantería; es infinitamente mejor tener sus verdades almacenadas en el alma. Es bueno llevar un Nuevo Testamento en su bolsillo, pero es mucho mejor llevar su mensaje en su corazón.

¡De qué manera tan distinta leen algunas personas la Biblia comparada con su forma de leer cualquier otro libro! A menudo me he dado cuenta de cómo la gente permite que una novela se les meta bien adentro, a pesar de que generalmente son basura, pero cuando la mayoría lee la Biblia parecen ansiosos por acabar cuanto antes esa tarea ingrata. En algunos casos parecen pensar que han hecho algo estupendo, pero no les ha afectado en lo más mínimo, ni les ha emocionado ni exhortado a nada.

Sin embargo, si existe algún libro que pueda estimular el alma, es la Biblia. Si la leemos bien, tocaremos con nuestros dedos sus maravillosas cuerdas de arpa y sacaremos de ellas una música incomparable. No hay ningún libro tan idóneo para nosotros como la Biblia. No hay otro libro que nos conozca tan bien, esté tan integrado con nosotros, tenga tanto poder sobre nosotros, con tan solo que nos entreguemos a él.

Entonces, una vez haya entrado en su ser, *que se quede ahí*. No se puede decir que una persona vive en una casa aunque llegue al rincón más recóndito de esta, si se limita recorrerla y luego se va. Un hombre que habita en una casa se queda en ella, reside, permanece, continúa en ella. ¡Oh, tener "la palabra de Cristo" habitando siempre en nosotros! En la memoria, nunca olvidada; en el corazón, amada siempre; en el entendimiento, bien entendida; con todas las fuerzas y pasiones de la mente plenamente sometida a su control. Amo a esos queridos cristianos que no tienen necesidad de consultar la página impresa cuando les hablo de las cosas de Dios, porque tienen la verdad en sus corazones. Tienen un manantial dentro de sus almas en todo momento, y solo es preciso que alguien mencione un tema escritural para que, de inmediato, empiecen a hablar de las cosas que han visto, de lo que sus manos han tocado respecto a la Palabra de Vida, porque habita en ellos.

¿De qué sirve una religión meramente externa? He oído hablar de un grupo de personas que se reunieron para hablar de un tema determinado, pero no pudieron orar porque el obispo no les había enviado el guion de la oración que debían usar en aquella ocasión. Creo que, si fueran creyentes en el Señor Jesucristo, podrían haber logrado hablar con Dios sin necesidad de tener un documento escrito que los guiara. Sin embargo, hay muchos que se imaginan que no pueden levantar una oración correcta a menos que la tengan en un libro, y que no pueden hablar de las cosas de Dios, o pueden decir muy poco sobre ellas, porque no tienen "la palabra de Cristo" que habita en ellos. Oh, amados amigos, que siempre esté en ustedes, de la mañana a la noche, permaneciendo como un visitante constante en su espíritu; no, no solo como un visitante: que resida en ustedes.

Además, "la palabra de Cristo more en abundancia en vosotros" *para ocupar todo su ser*. Si mora en ustedes, permitan que tenga un dominio tan completo de su ser que los llene por entero. Empujar la verdad de Cristo a un rincón de su naturaleza (llenar la mayor parte de su ser con otro conocimiento y otros pensamientos) es una manera triste de tratar "la palabra de Cristo". Esta merece la máxima atención de las mejores facultades que posee una persona.

La verdad revelada por el Espíritu Santo es tan sublime que su poesía se alza por encima de las alas de águila incluso de un Milton. Es un abismo tan profundo que la sonda de sir Isaac Newton nunca podría encontrar su fondo. Las mentes más ilustres se han deleitado en dedicar sus máximas facultades a sus verdades maravillosas. Amados hermanos jóvenes, ustedes que se han revestido de Cristo hace poco tiempo, les ruego que no permitan que otros libros se coloquen en la estantería delante de su Biblia. No lean, en su mayoría, esos otros libros y solo pequeñas porciones de las Escrituras de vez en cuando. Permitan que la Biblia ocupe siempre el lugar más destacado.

La verdad revelada por el Espíritu Santo es tan sublime que su poesía se alza por encima de las alas de águila.

La ciencia más excelente de todas es la ciencia de Cristo crucificado, y la Biblia es el manual que necesitan todos los que deseen aprenderla. Si bien otras formas de conocimiento son útiles, son como los planetas, pero el conocimiento de Dios revelado en Cristo Jesús es como el Sol. Que este sea siempre el centro de su sistema de conocimiento, y que todo lo demás que sepan se mueva de manera subordinada y sujeta a esa primera forma de conocimiento, la mejor. Por consiguiente, que "la palabra de Cristo more en abundancia en vosotros", hasta el punto de que ocupe todo su ser; que sea el residente, el ocupante, el dueño y el gobernador de su naturaleza, por entero.

Una vez más: "la palabra de Cristo more en abundancia en vosotros", es decir, *que sea su amigo más íntimo*. Conocemos a las personas que viven en nuestra casa, pero a las demás no las conocemos realmente. Vivir con personas es lo que nos permite saber cómo son. De igual manera, si viven con "la palabra de Cristo", sobre todo si le permiten que viva en su ser y permanezca a su lado como un amigo constante, llegarán a conocerla mejor, y cuanto más la conozcan más la amarán.

Noventa y nueve veces de cada cien, si se encuentran con un hombre que critica la Biblia, pueden estar seguros de que nunca la leyó. Si la leyera con el espíritu adecuado tendría otra opinión. Y si encuentran a un cristiano practicante indiferente a su Biblia, pueden estar seguros de que el propio polvo que acumula la tapa se levantará contra él como juicio.

El que lee la Biblia ama siempre la Biblia, y quien escudriña la Biblia es el hombre que la estudia más y más.

El que lee la Biblia ama siempre la Biblia, y quien escudriña la Biblia es el hombre que la estudia más y más. Hay algunas investigaciones que poseen cierto grado de fascinación, pero el estudio de la Palabra de Dios es fascinante en grado sumo. La Biblia es un libro que no tiene límites. Sus pensamientos no son como los humanos, de los cuales es necesaria una multitud para que valgan algo; uno solo de los pensamientos de Dios puede tener más peso que todos los pensamientos de los hombres. Este Libro no es un libro de un penique, ni uno de plata, ni siquiera uno de oro, sino que cada página de esta obra tiene un valor incalculable. Ciertamente, quien permite que "la palabra de Cristo" more abundantemente en él será enriquecido.

Queridos amigos, me gustaría que leyeran de tal modo la Biblia que todas las personas que aparecen en ella fueran como amigos suyos. Me gustaría que sintieran como si hubieran conversado con Abraham y también con David. Puedo decir sinceramente que apenas hay en este mundo alguien a quien yo conozca mejor que a David. Para escribir *El tesoro de David* estuve un año tras otro trabajando en ese rico ámbito de inspiración, el libro de Salmos. Puedo asegurarles que David y yo somos amigos muy cercanos, y creo que sé más de él que de cualquier otro hombre al que he conocido en mi vida. Conozco los entresijos de su forma de ser y de su experiencia, sus terribles faltas y las gracias de su espíritu.

Es mi deseo que ustedes mantengan una relación cercana con algún personaje de la Biblia. Tomen toda esa compañía de santos bíblicos y guárdenla en su corazón, permitan que vivan en su alma. Permitan que el viejo Noé entre con su arca, si quiere, y que Daniel entre con su foso de los leones, si le place. Y todos los demás hombres y mujeres piadosos de otras épocas, acéptenlos en su misma naturaleza y mantengan una relación familiar con ellos, pero tengan una intimidad especial con Aquel de quien hablan todos, a saber, Jesucristo, nuestro bendito Señor y Maestro.

En cuanto a las doctrinas reveladas en la Biblia, deberían tenerlas en la punta de los dedos. Las grandes verdades de la Palabra de Dios deben serles tan conocidas como los clásicos lo son para un erudito que tanto los ama. Entonces, ¿valoran así "la palabra de Cristo"?

CÓMO BENEFICIARSE DE LA PALABRA DE CRISTO

Primero, *intenten beneficiarse de ella ustedes mismos*: "La palabra de Cristo more en abundancia en vosotros, enseñándoos y exhortándoos unos a otros en toda sabiduría". Dejen que les dé sabiduría. El hombre que estudie bien la Biblia será un hombre sabio. Si Dios Espíritu Santo les enseña, creo que se convertirán en personas sabias también en otros ámbitos que el espiritual. Puedo decir sinceramente que, cuando he conocido a personas en las que "la palabra de Cristo" ha habitado abundantemente, a menudo me han parecido muy perspicaces, incluso en las cosas comunes. Si se guían por la Palabra de Dios, incluso en asuntos domésticos y empresariales, a menudo manifestarán una perspicacia que, quizá, no surja por naturaleza de ustedes, sino que vendrá por medio de la "palabra de Cristo", que habita en ustedes con abundancia y con toda sabiduría. Sin embargo, esto es solo una pequeña parte de los beneficios que les proporcionará.

¿Quieren sabiduría para tener dominio propio? "La palabra de Cristo more en abundancia en vosotros". ¿Necesitas algo que anime un espíritu que tiende por naturaleza al abatimiento? "La palabra de Cristo more en abundancia en vosotros". ¿Deseas tener aquello que calma una mente airada, un temperamento demasiado susceptible al furor repentino? "La palabra de Cristo more en abundancia en vosotros". ¿Te encuentras en un llamamiento en el que te enfrentas a fuertes tentaciones, y anhelas saber cómo impedir la caída en el pecado? "La palabra de Cristo more en abundancia en vosotros". ¿Estás en una posición muy difícil? ¿Apenas logras equilibrar las exigencias de diversas relaciones? "La palabra de Cristo more en abundancia en vosotros". ¿Se avecina una época de intensas tensiones y pruebas de un calibre que jamás has experimentado antes? Prepárate para ella dejando que "la palabra de Cristo more en abundancia" en ti. Ella te dará todo tipo de sabiduría con la cual podrás vencer incluso la sutileza de la propia serpiente antigua.

La siguiente manera de usar "la palabra de Cristo" para obtener beneficios es *intentar beneficiar a otros con ella*: "La palabra de Cristo more en abundancia en vosotros, enseñándoos y exhortándoos unos a otros en toda sabiduría, cantando con gracia en vuestros corazones al Señor". Para poder enseñarnos y amonestarnos unos a otros, precisamos conocer la verdad nosotros mismos.

Primero, debemos buscar el beneficio de nuestro prójimo mediante la enseñanza unos de otros. Ningún hombre puede enseñar a una congregación tan numerosa como la que yo tengo y ofrecer instrucción individual a las personas que la necesiten; esta obra deben hacerla los miembros de la propia iglesia. "La palabra de Cristo" debe habitar en ustedes, y luego deben convertirse en una sociedad de enseñanza mutua. Todo cristiano debe ejercer el oficio del pastorado conforme a su capacidad y a las oportunidades que tenga. Todo miembro debe cuidar bien no solo de sus propios asuntos espirituales, sino procurar también el bienestar de otros. ¡Cuán dulces enseñanzas, llenas de gracia, pueden impartir los más maduros entre ustedes si hablan de su experiencia!

Y si, además de relatar su experiencia, hablan de las Escrituras que les han sido abiertas, de los pasajes de la Biblia que el Espíritu Santo que los inspiró ha aplicado a sus corazones, instruirán grandemente a sus hermanos cristianos. Está bien hallarse ocupado para el Señor, pero es mejor aún estar en comunión con Él. Aquellos de ustedes bien formados en las Escrituras deben intentar enseñar a otros también para beneficio de ellos.

Este pasaje menciona una de las maneras de enseñarnos unos a otros: "con salmos e himnos y cánticos espirituales". El apóstol Pablo pensaba que los "salmos e himnos y cánticos espirituales" deberían usarse para la instrucción y la amonestación, así como para la alabanza de Dios. Y, según lo entiendo yo, es probable que no haya una enseñanza que resulte más útil que aquella que va acompañada del tipo correcto de cánticos. A menudo, cuando predico descubro que un verso de algún himno es lo mejor que puedo citar, y no tengo ninguna duda de que, frecuentemente, un verso de poesía sacra ha conmovido a un hombre a quien el resto del sermón ha dejado indiferente. Piensen en la manera tan concisa en la que se puede transmitir la verdad por medio de "salmos e himnos y cánticos espirituales", y lo probable que es que la retengamos en la memoria cuando la composición, la rima y el ritmo ayudan a la memoria a atesorar el mensaje.

Está bien disponer de la verdad expuesta bajo la forma de un verso del que pueda apropiarse la memoria y retenerlo. Queridos amigos, prueben a llenarse tanto de "la palabra de Cristo" bajo todas sus formas que rebose de ustedes. Saben que a menos que esté primero en ustedes no podrá salir de ustedes. Si no meten en su ser "la palabra de Cristo", no serán instructivos en sus conversaciones de índole general.

Además de la instrucción debe haber amonestación. Esta es muy difícil de administrar con sabiduría. He conocido a un hermano que intentó amonestar a otro, y me ha parecido que habría hecho mejor de haberlo dejado correr, porque solo consiguió causar irritación y resentimiento. Pero existe una manera llena de gracia para amonestar, que por muy frecuentemente que se practique nunca será suficiente.

Temo que, cuando empecé a predicar, solía decir muchas cosas extrañas, pero en cierta ocasión, cuando dije algo especialmente chocante, y quizá no demasiado sabio, hubo un cristiano excelente que quiso enderezarme. No acudió a mí y se me impuso de una manera muy solemne, lo cual me habría inducido a burlarme de él. Tampoco dijo nada para irritarme, pero como vio que mi Biblia estaba allí cerca, puso una señal junto a las palabras "palabra sana e irreprochable, de modo que el adversario se avergüence, y no tenga nada malo que decir de vosotros" (Tit. 2:8).

Cuando llegué a casa vi aquella señal y leí el pasaje, y luego me dije: "¿Cuál es la última casa en la que he estado?". Cuando lo recordé, pensé: "¡Seguro que ese ha sido el hombre que ha puesto la señal en este versículo!". Nunca me sentí ofendido con él; por el contrario, me sentí muy agradecido, y siempre le estimé y le admiré, pensando: "Si me hubiera hablado sobre lo que dije, es posible que hubiera puesto la señal en mi persona, en un punto que no me habría gustado. Pero como se limitó a ponerla en mi Biblia, no me irritó". Como ven, incluso hoy en día recuerdo con gratitud aquella reprensión.

En ocasiones, la mejor manera de amonestar a alguien será cantando un salmo o un himno. En los antiguos lugares de reunión, los encargados, cuando solía permitírseles elegir los himnos, a menudo borraban buena parte del efecto nocivo de un sermón erróneo gracias a su elección sabia de los últimos versos. De vez en cuando, si son prudentes, pueden citar un verso adecuado (como dice la gente, "accidentalmente adrede"), y pueden sacar a colación una porción de un salmo que diga exactamente por ustedes lo que habrían dicho de una forma torpe. El amado hermano que ha cometido un error aceptará la reprensión sin enfadarse.

Cuando intenten apagar una vela no lo hagan apoyándose en su torpeza, sino tomen los apagavelas de oro (bajo la forma de un salmo, un himno o un cántico espiritual), y mientras lo cantan estarán administrando la amonestación y la instrucción que tienen el deber de transmitir. ¿Qué podemos hacer a menos que los unos cuiden de los otros? ¿Y cómo seguiremos adelante a menos que, aparte de la predicación, haya una instrucción continua y mutua, sabia, gozosa y alegre, y aceptada con un espíritu amable, amoroso y generoso? ¡Dios les llene con "la palabra de Cristo" de tal modo que puedan enseñarse y amonestarse unos a otros!

En último lugar, "la palabra de Cristo" *debe aprovecharnos en nuestra relación con el propio Dios*; porque, después de todo, el objeto principal de nuestros cánticos debe ser la gloria de Dios: "cantando con gracia en vuestros corazones al Señor". ¡Oh, que "la palabra de Cristo more en abundancia en vosotros" en un grado tal que bendigan a Dios de la mañana hasta la noche! Que los pensamientos y el conocimiento sagrados rebosen de su ser hasta el punto de que toda su persona sea un himno de alabanza al Altísimo, ¡y toda su existencia será un "Aleluya" glorioso! No creo que ninguno de nosotros valore suficientemente la ordenanza divina de la alabanza; tampoco creo que podamos hacerlo hasta que "la palabra de Cristo" haya tomado posesión plena de nuestras almas.

> La oración es la hoja de la rosa, pero la alabanza es la propia rosa, envuelta en el perfume más intenso.

Me dicen que han estado en el piso superior orando y que ese ejercicio no les ha proporcionado consuelo alguno. Déjenme que les sugiera que, la próxima vez que suban las escaleras, canten un salmo. ¿Cuántas veces al día alabas a Dios? Creo que reservas un tiempo para estar a solas y orar, y te avergonzarías si no lo hicieras una, dos, tres veces o incluso más al día, pero ¿con cuánta frecuencia alabas a Dios? Sabes que en el cielo ya no orarás; allí todo será alabanza. Entonces, no olvides esa parte necesaria de tu educación, que es "empezar aquí la música". Comienza de inmediato a alabar al Señor.

Muchas de nuestras dudas y de nuestros temores saldrían volando si alabáramos más a Dios, y muchas de nuestras pruebas y de nuestros problemas se desvanecerían si empezáramos a cantar de nuestras misericordias. A menudo, la depresión del espíritu que no cederá ante toda una noche de luchas caerá ante diez minutos de acción de gracias ante Dios. La oración es el tallo del trigo, pero la alabanza es la propia espiga. La oración es la hoja de la rosa, pero la alabanza es la propia rosa, envuelta en el perfume más intenso.

Alaben a Dios, por lo tanto, con "salmos e himnos y cánticos espirituales", y si dicen que no saben cómo hacerlo, dejen que "la palabra de Cristo more en abundancia" en ustedes. Ella siempre engendra alabanza. De cada libro de las Escrituras fluirá un arroyo de alabanzas al Señor; de cada promesa nacerá un soneto; de cada verdad divina, disfrutada y usada como cimiento, surgirá un cántico espiritual. La revelación íntegra de Dios es la esencia condensada de la alabanza; solo tienen que darle una oportunidad idónea, poniéndola a calentar sobre el fuego de un corazón agradecido, y descubrirán una dulce nube de incienso santo que brotará de ella siendo aceptable para el Altísimo. Por consiguiente, amados, pasen mucho tiempo con sus Biblias y que estas pasen mucho tiempo con ustedes para su propio beneficio, para beneficio de otros y para la gloria de Dios. ¡Que así sea, por amor a Cristo! Amén.

5

La Biblia

RESUMEN:

Spurgeon se centra primero en el *autor*. Habla de la naturaleza de los autores humanos bajo la inspiración divina. Destaca la autoridad de la Biblia y su veracidad. Luego Spurgeon pasa a los temas que trata la Biblia. El último punto que aborda es el trato que recibe la Biblia en el mundo. Exhorta a la congregación a la lectura de la Biblia y a reconocer el lugar preeminente que tiene sobre todas las disciplinas.

CITAS DESTACADAS:

"Cada versículo [de la Biblia] contiene un significado solemne y, si todavía no lo hemos encontrado, tenemos la esperanza de hacerlo".

"Vengan y beban de este hermoso manantial de conocimiento y de sabiduría, y descubrirán que se hacen sabios para salvación".

Sermón predicado por Charles H. Spurgeon el 18 de marzo de 1885. *The New Park Street Pulpit*, vol. 1.

5

La Biblia

Le escribí las grandezas de mi ley, y fueron tenidas por cosa extraña.

OSEAS 8:12

ESTA ES LA queja de Dios contra Efraín. No es una prueba insignificante de su bondad que condescienda a reprender a sus criaturas cuando yerran; el hecho de que incline su cabeza para interesarse por los asuntos terrenales es un gran argumento de su disposición a la gracia. Si quisiera, podría envolverse con la noche como con una prenda de vestir; podría ponerse las estrellas a modo de pulseras y atar los soles en torno a su frente como una diadema; podría vivir solo, muy muy por encima de este mundo, en el séptimo cielo, y contemplar con una calma y silenciosa indiferencia todos los actos de sus criaturas. Podría hacer como los paganos suponían que hacía su Júpiter: sentarse en perpetuo silencio, en ocasiones asintiendo con su terrible cabeza para que los hados del destino se movieran como Él quisiera, pero sin pensar en absoluto en los pequeños asuntos de la tierra, disponiendo de ellos como algo indigno de su atención, infatuado con su propio ser, centrado en sí mismo, viviendo a solas y apartado. Y yo, como una de sus criaturas, podría estar de noche en lo alto de una montaña y contemplar las estrellas silenciosas, diciendo: "Son los ojos de Dios, pero no me están mirando; su luz es el don de su omnipotencia, pero sus rayos no son sonrisas de amor para mí. Dios, el Creador poderoso, me ha olvidado; soy una gota despreciable en el océano de la Creación, una hoja seca en el bosque de los seres, un átomo en el monte de la existencia. Él no me conoce; estoy solo, solo, solo".

Pero no es así, amados. Nuestro Dios es de otro orden; es consciente de cada uno de nosotros. No hay ni un gorrión ni una lombriz que escapen a sus decretos. No hay una sola persona sobre quien no fije sus ojos. Nuestros actos más secretos le son conocidos. En todo lo que hacemos, soportamos o sufrimos, los ojos de Dios siguen fijos en nosotros, y o vivimos o bien bajo su sonrisa, porque somos su pueblo, o bien debajo de su ceño fruncido, porque nos hemos apartado de Él.

Nuestros actos más secretos le son conocidos. En todo lo que hacemos, soportamos o sufrimos, los ojos de Dios siguen fijos en nosotros.

Partiendo de nuestro pasaje vemos que Dios mira al ser humano, porque dice, hablando de Efraín: "Le escribí las grandezas de mi ley, y fueron tenidas por cosa extraña". Pero, cuando Él observa el pecado del hombre, fíjense en cómo no lo aparta furioso ni lo desprecia con su pie; no lo sacude por el cuello sobre el abismo del infierno hasta que la cabeza le dé vueltas, para luego soltarlo para siempre. No, Él desciende del cielo para para exhortar a sus criaturas. Él discute con ellas; se pone, por así decirlo, al nivel de los pecadores, expone sus quejas y defiende su petición.

Esta noche acudo aquí en nombre de Dios, amigos míos, para rogarles como embajador de Dios, para acusar a muchos de ustedes de un pecado. Les acuso de un crimen que es el pecado en este pasaje: Dios les ha escrito las grandes cosas de su ley, pero para ustedes han sido cosa extraña. Esta noche pretendo hablar de este bendito Libro, la Biblia.

Respecto a la Biblia, esta noche tengo tres cosas que decir, y todas aparecen en mi pasaje: primero, su autor, "[Yo] le escribí"; segundo, su tema, las grandes cosas de la ley de Dios; y tercero, el trato que han recibido estas cosas habitualmente: la mayoría de seres humanos las han considerado cosas extrañas.

¿QUIÉN ES EL AUTOR?

El pasaje dice que es Dios. "[*Yo*] Le escribí las grandezas de mi ley". Aquí tengo mi Biblia. ¿Quién la escribió? Este volumen es un escrito del Dios vivo. Cada letra fue escrita por un dedo todopoderoso; cada palabra que contiene salió de los labios eternos; cada frase fue dictada por el Espíritu Santo.

Si bien Moisés fue empleado para escribir con su pluma de fuego, Dios fue quien guio esa pluma. Es cierto que David tocó su arpa destilando de sus dedos los dulces salmos de una melodía, pero Dios movió sus manos sobre las cuerdas vivas de su arpa dorada. Puede que Salomón entonara cánticos de amor o pronunciara palabras de sabiduría consumada, pero Dios dirigió sus labios y dio elocuencia al predicador. Si sigo al turbulento Nahúm cuando sus caballos atraviesan las aguas, o a Habacuc cuando ve la aflicción de las tiendas de Cusán; si leo a Malaquías, cuando la tierra arde como un horno; si consulto las suaves páginas de Juan, quien habla del amor, o los capítulos ásperos y ardientes de Pedro, quien habla de las llamas que devoran a los enemigos de Dios; si me vuelvo a Judas, quien lanza anatemas contra los adversarios de Dios, en todas partes es Dios quien habla. Es la voz de Dios, no de los hombres. Las palabras son de Dios, palabras del Eterno, el Invisible, el Todopoderoso, el Señor de esta tierra. La Biblia es la Biblia de Dios.

¿Cómo sabemos que Dios escribió este Libro? Esto es precisamente lo que no intentaré demostrarles. Podría, tal vez, hacer una demostración, porque hay argumentos más que suficientes. Si quisiera ocupar su tiempo aportándoles razones, hay más que suficientes, pero no pienso hacer tal cosa. Soy un ministro cristiano, y ustedes son cristianos o profesan serlo, y nunca hay necesidad de que los ministros cristianos recurran a presentar argumentos infieles con objeto de rebatirlos. Eso es la necedad más grande del mundo. Es una locura exponer esas brasas del infierno incluso si estamos muy preparados para apagarlas. Que los hombres del mundo descubran el error por sí solos; no seamos propagadores de sus mentiras.

Por tanto, esta noche no quiero ni abogar ni discutir. Ustedes profesan ser cristianos, porque de otro modo no estarían aquí. Su profesión de fe puede ser falsa, pero aun así supongo que todos admiten que esta es la Palabra de Dios. Entonces, hagamos un par de reflexiones al respecto. "Le escribí las grandezas de mi ley".

Primero, amigos míos, acudan a este volumen y admiren su autoridad. No se trata de un libro corriente. Si estas palabras las hubieran escrito los hombres podríamos rechazarlas, pero ¡oh, permítanme tener este pensamiento solemne!: este Libro salió de la mano de Dios, estas son sus palabras. ¡Oh, Libro entre libros! ¿Y fuiste escrito por mi Dios? Entonces me inclino ante ti, Libro de inmensa autoridad, proclamación del Emperador del cielo; lejos esté de mí utilizar mi razón para contradecirte.

¡Razón! Tu lugar es descubrir qué significa este volumen, no decir lo que este Libro tendría que decir. Vengan aquí, razón e intelecto, siéntense y escuchen, pues estas son las palabras de Dios. No sé cómo ampliar este pensamiento. ¡Si tan solo pudieran recordar siempre que esta Biblia fue realmente escrita por Dios! Si hubieran estado en las estancias secretas del cielo, si hubieran visto a Dios tomar su pluma y escribir aquellas letras, seguramente las respetarían. Pero son palabras de puño y letra de Dios tanto como si las hubieran visto escribirlas. La Biblia es un libro de autoridad; se trata de un libro autorizado, porque Dios lo ha escrito. ¡Oh, tiemblen, tiemblen para que nadie lo menosprecie! Recuerden su autoridad, porque es la Palabra de Dios.

La Biblia es un libro de autoridad; se trata de un libro autorizado, porque Dios lo ha escrito.

Por tanto, puesto que Dios la escribió, consideren ustedes su veracidad. Si yo la hubiera escrito, vendrían los gusanos de la crítica que, de inmediato, reptarían sobre ella y la cubrirían con su maligna descendencia. Si yo la hubiera escrito, habría hombres que la harían pedazos de inmediato. Pero esta es la Palabra de Dios; vengan, críticos, y encuentren algún error; examínenla desde Génesis a Apocalipsis y encuentren un error. Esta es una veta de oro puro sin mezcla alguna de cuarzo o de cualquier otra sustancia. Es el juez que concluye la lucha donde fracasan el ingenio y la razón. Este es el Libro incontaminado por cualquier error; es la verdad pura, sin mezcla, perfecta. ¿Por qué? Porque lo escribió Dios.

Pueden acusar a Dios de cometer errores si quieren; díganle que su libro no es lo que debería ser. He escuchado a hombres que desean alterar la Biblia y (casi me avergüenzo de decirlo) he escuchado a ministros alterar la Palabra de Dios porque le tenían miedo. He escuchado orar a hombres que en lugar de decir: "hacer firme vuestra vocación y *elección*" (2 P. 1:10) decían "hacer firme vuestra vocación y *salvación*". Es una lástima que no hubieran nacido cuando vivía Dios, porque entonces le habrían enseñado a escribir. ¡Oh, desvergüenza más allá de todo límite! ¡Oh, arrogancia desbordada! Es extraño que pueda haber hombres tan viles como para usar la cuchilla de Joacim para cortar pasajes de la Palabra porque no quieren digerirlos.

¡Oh, ustedes a quienes no agradan algunas porciones de las Sagradas Escrituras! Pueden tener la confianza de que tienen un gusto corrompido y que Dios no tolerará su pequeña opinión. Su desagrado es precisamente el motivo por el que Dios las escribió, porque no deberían ser apropiadas para ustedes y ustedes no tienen derecho a sentirse complacidos. Dios escribió lo que no les gusta; escribió la verdad. Inclinémonos con reverencia delante del Libro, porque Dios lo inspiró. Es la verdad pura.

Sin embargo, una vez más, antes de cambiar de tema, detengámonos y pensemos en la naturaleza misericordiosa de Dios manifiesta en el hecho de que nos haya escrito la Biblia. Bien podría habernos dejado sin ella para que fuéramos tanteando a oscuras, como los ciegos buscan la pared; podría haber dejado que erráramos teniendo como única luz la estrella de la razón. Suponiendo que la luz de la naturaleza fuera suficiente, es mejor que dispongamos también de otra pequeña luz de lo alto, y entonces, sin duda, no nos equivocaremos. Es mejor tener dos luces que una sola. La luz de la Creación es brillante. A Dios se le puede ver en las estrellas; su nombre está escrito con letras de oro en la frente de la noche; pueden distinguir su gloria en las olas del océano, sí, en los árboles del campo, pero es mejor leerla en dos libros que en uno solo. Allí la encontrará revelada con mayor claridad, porque ese libro lo ha escrito Él mismo y les ha dado la clave para entenderlo, si tienen el Espíritu Santo. ¡Ah, amados! Demos gracias a Dios por esta Biblia; amémosla. Considerémosla más preciosa que mucho oro refinado.

No obstante, antes de pasar a la siguiente idea, permítanme añadir una cosa. Si esta es la Palabra de Dios, ¿qué será de algunos de ustedes que no la han leído durante todo el mes pasado? La mayoría trata la Biblia con mucha educación. Tienen un pequeño volumen de bolsillo, bien encuadernado; lo envuelven con un pañuelo blanco y lo llevan a los lugares donde adoran. Cuando llegan a su casa, vuelven a meterlo en un cajón hasta la mañana del domingo siguiente, cuando lo sacan para que dé un paseo hasta la iglesia. Eso es todo lo que disfruta del aire libre la pobre Biblia. Esa es su manera de atender a ese mensajero divino. En algunas de sus Biblias, hay tanto polvo acumulado que se podría escribir "condenación" con los dedos. Hay algunos de ustedes que no han leído sus Biblias durante mucho, mucho, muchísimo tiempo, ¿y qué piensan? Les digo palabras contundentes, pero son ciertas. ¿Qué dirá Dios al final? Cuando vengan delante de su presencia, dirá:

—¿Leyeron mi Biblia?

—*No.*

—Les escribí una carta de misericordia. ¿La leyeron?

—*No.*

—¡Rebeldes! Les envié una carta invitándoles a venir a mí. ¿No la leyeron?

—*Señor, nunca rompimos el sello. La mantuvimos cerrada.*

—¡Desgraciados! —dice Dios—. Entonces merecen el infierno, porque les envié una epístola de amor y ni siquiera abrieron el sello. ¿Qué haré con ustedes?

¡Oh, no dejen que les suceda algo así! Sean lectores de la Biblia. Sean estudiosos de la Biblia.

LOS TEMAS DE LOS QUE HABLA LA BIBLIA

La Biblia habla de grandes cosas, y solo de las más grandes. En la Biblia no hay nada que carezca de importancia. Cada versículo contiene un significado solemne y, si todavía no lo hemos encontrado, tenemos la esperanza de hacerlo. Habrán visto momias, envueltas con una banda tras otra de lino. Bien, pues la Biblia de Dios es así: es un vasto rollo de lino blanco, fruto del telar de la verdad. Antes de encontrar su verdadero sentido, allá en lo más hondo, tendrán que desenrollarla continuamente, una capa tras otra. Cuando hayan encontrado, o piensen que lo han hecho, parte del significado, tendrán que seguir desenrollando más y más, y durante toda la eternidad estarán desenrollando las palabras de este volumen maravilloso.

> Cada versículo [de la Biblia] contiene un significado solemne y, si todavía no lo hemos encontrado, tenemos la esperanza de hacerlo.

Todas las cosas de la Biblia son grandes. Algunas personas creen que no importa en qué doctrinas creamos o a qué iglesia asistamos. Pues bueno, si hay alguien a la que no soporto en este mundo es a la señora Intolerancia, y nunca le hago ningún cumplido ni la alabo, pero hay otra mujer a la que tampoco puedo ni ver, que es la señora Libertaria, un personaje muy conocido que ha descubierto que todos nos parecemos.

Es cierto que creo que un hombre puede salvarse en cualquier iglesia. Algunos se han salvado en la Iglesia de Roma. Sé, bendito sea Dios, que se salvan multitudes en la Iglesia de Inglaterra. Creo que todas las secciones de los cristianos protestantes tienen un remanente conforme a la elección de la gracia, y algunos de ellos necesitan un poco de sal, porque si no, se corromperían. Pero cuando digo esto, ¿piensan que los pongo a todos en el mismo nivel? ¿Todos ellos son veraces? Un grupo dice que está bien bautizar a los niños, otro dice que está mal, pero otros dicen que ambos tienen razón. No lo entiendo. Unos enseñan que somos salvos por la gracia, otros que nos salva el libre albedrío, y ustedes piensan que ambos aciertan. No lo comprendo. Unos dicen que Dios ama a su pueblo y nunca deja de amar a sus miembros; otros dicen que no amaba a su pueblo antes de que este lo amara. Puede que ambos tengan razón en términos generales, pero ¿pueden tenerla cuando unos dicen "sí" y otros dicen "no"? Señores, no puede ser que ambos acierten. Pero algunos dicen que las diferencias entre ellos no son sobre temas esenciales.

Este pasaje dice: "Le escribí las *grandezas* de mi ley". En la Biblia de Dios no hay nada que no sea grande. ¿Alguna vez se han sentado algunos de ustedes a analizar cuál era la religión más pura? "Uy", dirán, "nunca nos tomamos la molestia. Nos limitamos a ir donde fueron nuestro padre y nuestra madre". ¡Ah! Sin duda ese es un motivo de peso. Fueron donde asistían su padre y su madre. Pensaba que eran personas sensatas; no pensaba que fueran donde otras personas les obligaban a ir, sino que iban donde querían. Yo amo a mis padres por encima de cualquier otro ser viviente, y solo pensar que creían que una cosa era cierta me ayuda a pensar que era correcta, pero no he seguido sus pasos. Pertenezco a una denominación distinta, y gracias a Dios por ello. Puedo recibirlos como hermanos y hermanas cristianos, pero nunca pensé que, por el hecho de que ellos fueran una cosa, yo debía serlo también. Para nada. Dios me dio un cerebro y pienso usarlo; y si ustedes disponen de un intelecto, úsenlo también.

No digan nunca que no importa. Sí que importa. Lo que Dios ha puesto ahí tiene una importancia eminente; Él no habría escrito nada que fuera intrascendente. Pero si bien todas las cosas de la Palabra de Dios son importantes, *no todas tienen la misma importancia*. Existen ciertas verdades fundamentales y vitales que deben creerse, porque si no, nadie se salvaría. Si quieren averiguar qué deben saber para poder ser salvos, encontrarán las grandezas de la ley de Dios entre estas dos cubiertas; todas están contenidas dentro. Recuerdo que en cierta ocasión un viejo amigo mío, a modo de resumen de las grandezas de la ley, me dijo: "¡Ah! Predica las tres R, y Dios siempre te bendecirá: ruina, redención y regeneración". Estas contienen la suma y la esencia de la teología.

Creo que hallamos un epítome mejor en los cinco puntos del calvinismo: la elección conforme al conocimiento previo de Dios; la depravación y la pecaminosidad naturales del ser humano; la redención particular mediante la sangre de Cristo; el llamado eficaz por el poder del Espíritu; y la perseverancia última mediante los esfuerzos del poder divino. Creo que todas estas cosas son necesarias en el orden de la salvación.

Dios dice: "Le escribí las grandezas de mi ley". ¿Dudan de su grandeza? ¿Creen que esas grandezas no son dignas de su atención? Reflexionen un momento. ¿Dónde se encuentran ustedes ahora?

Recuerdo una vez que estuve en una playa, situado en un estrecho tramo de tierra, sin pensar en que la marea podía subir. Esta seguía lamiendo las dos orillas entre las que me encontraba y yo, sumido en mis pensamientos, estuve allí plantado hasta que al final tuve grandes dificultades para llegar a la playa; las olas se interponían entre ella y yo. Ustedes y yo nos encontramos cada día en un espacio igual de estrecho, y hay una ola que llega hasta aquí mismo; fíjense lo cerca que llega de sus pies, ¡y fíjense!, a cada segundo que pasa llega una nueva: "nuestros corazones... como tambores ahogados, tocan marchas fúnebres hacia la tumba" (de "Un salmo de vida", Henry Wadsworth Longfellow). Cada instante que vivimos nos estamos aproximando al sepulcro. *Este Libro* me dice que, si me convierto, cuando muera habrá un cielo de gozo y de amor que me recibirá; me dice que los ángeles extenderán sus alas y yo, llevado por las fuertes alas de los querubines, cabalgaré en el rayo y me remontaré por encima de las estrellas, llegando hasta el trono de Dios, donde viviré para siempre.

Cada instante que vivimos nos estamos aproximando al sepulcro. *Este Libro* me dice que, si me convierto, cuando muera habrá un cielo de gozo y de amor que me recibirá.

¡Oh! Esto hace que, en mis ojos, nazca una cálida lágrima; ensancha mi corazón hasta que no me cabe en el cuerpo. ¡Oh! Esa dulce escena más allá de las nubes; dulces campos vestidos de verde vivo y ríos de deleite. ¿Estas no son grandezas? Pero también, pobres almas no regeneradas, la Biblia dice que si ustedes se pierden lo harán para siempre; les dice que si mueren sin Cristo, sin Dios, no hay esperanza para ustedes, que existe un lugar sin un atisbo de esperanza donde leerán, escrito en letras ardientes: "Conocían su deber, pero no lo cumplieron". Les dice que serán expulsados de su presencia con un "¡Apártense de mí, malditos!". ¿Estas no son grandezas? Sí, señores, así como el cielo es deseable y el infierno es terrible, el tiempo es corto, la eternidad es infinita, el alma es preciosa, el sufrimiento es algo que hemos de evitar y el cielo algo que debemos procurar, Dios es eterno y sus palabras son verdad; de igual modo, estas son grandezas, cosas a las que deberían prestar atención.

EL TRATO QUE RECIBE LA BIBLIA EN ESTE MUNDO

El mundo considera que la Biblia contiene cosas extrañas. ¿Qué significa esto? En primer lugar, significa que para algunas personas esas cosas parecen muy extrañas porque nunca las han leído. ¡Ah! Conocen mejor sus libros de contabilidad que la Biblia; saben más de sus agendas que de lo que ha escrito Dios. Muchos de ustedes leerán una novela de principio a fin, ¿y qué obtendrán cuando acaben? Un montón de banalidades. Pero no pueden leer la Biblia; ese alimento sólido, duradero, sustancioso y satisfactorio se queda intacto, encerrado en la despensa del olvido mientras consumen ávidamente lo que escriben los hombres.

"Le escribí las grandezas de mi ley, y fueron tenidas por cosa extraña". Nunca las han leído. Esta es una acusación general. Quizá, me dirán, no debería acusarles de algo así. Siempre prefiero tener una opinión de ustedes peor que tener una demasiado buena. Les acuso de esto: no leen sus Biblias. Algunos jamás la han leído entera. Sé que digo lo que su corazón atestigua que es la verdad sincera. No son lectores de la Biblia. Dicen que tienen la Biblia en sus casas: ¿creen que les considero paganos tan grandes que no tienen una Biblia? Pero ¿cuándo fue la última vez que la leyeron? ¿Cómo pueden saber que sus anteojos, esos que perdieron, no llevan tres años entre sus páginas? Muchas personas no han hojeado sus páginas durante mucho tiempo, y Dios podría decirles: "Les escribí las grandezas de mi ley, y fueron tenidas por cosa extraña".

Hay otros que leen la Biblia, pero cuando lo hacen, dicen que es terriblemente seca. Aquel joven de allí sostiene que es "un aburrimiento". Esta es la palabra que usa. No ama la Biblia, ¿verdad? "No, no contiene nada interesante". ¡Ah, me lo figuraba! Pero, hace no mucho, *yo* tampoco veía nada en ella. ¿Saben por qué? Porque los ciegos no ven, ¿cierto? Pero cuando el Espíritu toca las escamas de los ojos, estas caen, y cuando les aplica colirio, entonces la Biblia se vuelve algo precioso. Si han probado la Palabra de Dios, si es preciosa para sus almas, entonces son cristianos. Pero a esas personas que desprecian la Biblia se les dice: "No tienes tú parte ni suerte en este asunto" (Hch. 8:21). Si para ustedes es seca, al final estarán bien secos en el infierno. Si no la valoran más que sus alimentos necesarios, no hay esperanza para ustedes, pues carecen de la mayor evidencia de su cristianismo.

¡Ay, ay! Aún no he mencionado el peor de los casos. Hay personas que odian la Biblia además de despreciarla. ¿Alguno de ellos ha entrado hoy aquí? Algunos dijeron: "Vamos a ver qué tiene que decirnos ese predicador joven". Pues esto es lo que tiene que decirles: "¡Miren, menospreciadores, maravíllense y perezcan!". Esto es lo que tiene que decirles: "Los malos serán trasladados al Seol, todas las gentes que se olvidan de Dios" (Sal. 9:17). Pero hay más: les dice esta noche que si quieren ser salvos deben hallar la salvación aquí. Por lo tanto, no desprecien la Biblia, sino estúdienla, léanla y vengan a ella. Pueden estar seguros, burladores, que sus risas no pueden alterar la verdad; sus comentarios jocosos no pueden impedir el destino inevitable de ustedes. Se burlan en vano, porque las certidumbres eternas son más poderosas que sus falsos argumentos. Y sus dichos ingeniosos tampoco pueden alterar la verdad divina, ni una sola palabra de este libro de la Revelación. ¡Oh! ¿Por qué luchan ustedes con su mejor amigo y maltratan su único refugio? Aún queda esperanza para los burladores: esperanza en las venas de un Salvador, esperanza en la misericordia del Padre, esperanza en la mediación omnipotente del Espíritu Santo.

Mi amigo, el filósofo, dice que puede que esté muy bien que

yo exhorte a las personas a leer la Biblia, pero piensa que existen muchas ciencias mucho más interesantes y útiles que la teología. Le digo:

—Le agradezco sobremanera su opinión, caballero. ¿A qué ciencia se refiere? ¿La ciencia de diseccionar escarabajos y coleccionar mariposas?

—No —me dirá—, por supuesto que no.

—Entonces, ¿será ciencia de clasificar piedras y hablarnos de los estratos de la tierra?

—No, no exactamente.

—Entonces, ¿qué ciencia?

—Oh —me dirá—, pues todas son mejores que la ciencia de la Biblia.

—¡Ah, caballero, esa es su opinión, y si la tiene se debe a que está lejos de Dios!

Vengan y beban de este hermoso manantial de conocimiento y de sabiduría, y descubrirán que se hacen sabios para salvación.

Pero la ciencia de Jesucristo es la ciencia más excelente de todas. Que nadie se aparte de la Biblia porque no es un libro de enseñanza y de sabiduría. Lo es. ¿Quieren saber de astronomía? Aquí está: les habla del sol de justicia y de la estrella de Belén. ¿Quieren saber algo de botánica? Aquí está: les habla de la planta de renombre, el lirio del valle y la rosa de Sarón. ¿Algo de geología y mineralogía? Aquí lo aprenderán, pues pueden leer sobre la Roca eterna y la piedrecita blanca con un nombre escrito en ella que no conoce nadie excepto aquel que la recibe. ¿Desean estudiar historia? Aquí tenemos el registro escrito más antiguo de toda la historia de la raza humana. Sea cual sea su ciencia, vengan y consulten este Libro; su ciencia está en él. Vengan y beban de este hermoso manantial de conocimiento y de sabiduría, y descubrirán que se hacen sabios para salvación. Sabios y necios, niños y adultos, hombres de cabellos grises, jóvenes y doncellas; les hablo a todos, les imploro a todos: respeten su Biblia y escudríñenla, porque en ella tienen la vida eterna y porque da testimonio de Cristo.

Volvamos a nuestros hogares y practiquemos lo que hemos oído. Si recuerdan volver a sus casas y leer su Biblia, entonces ya habré dicho suficiente. Y quiera Dios, en su misericordia infinita, que cuando lean su Biblia esta proyecte sobre sus almas los rayos iluminadores del sol de justicia por medio del Espíritu digno de adoración. Entonces leerán para su provecho y para la salvación de sus almas.

6

Las advertencias y las recompensas de la Palabra de Dios

RESUMEN:

Spurgeon comienza este sermón con la idea de que la Palabra nos guarda. La Palabra de Dios nos vigila y nos advierte para que veamos lo malo que es el pecado y nos recuerda nuestro deber para con Dios. Luego Spurgeon habla de que guardemos la Palabra de Dios. Debemos tener un aprecio reverente por la Palabra y guardarla. Debemos conocerla y tener la capacidad de defenderla. Al guardar la Palabra nos vamos conformando más y más a Cristo. Nuestra recompensa es la santidad.

CITAS DESTACADAS:

"Quien ama el Libro inspirado tendrá riquezas para su mente y dulzura para su corazón".

"La Palabra de Dios nos guarda, vigilando nuestras almas, y cuando se aproxima un peligro hace sonar la alarma".

Un sermón predicado por Charles H. Spurgeon el 16 de marzo de 1890. *Metropolitan Tabernacle Pulpit*, vol. 36.

6

Las advertencias y las recompensas de la Palabra de Dios

Tu siervo es además amonestado con ellos;
en guardarlos hay grande galardón.

SALMOS 19:11

ESTA ES LA declaración de uno de los siervos de Dios: "Tu siervo es además amonestado con ellos". Este pasaje está escrito solamente para hombres hechos obedientes por la gracia divina. Ustedes que me escuchan, ¿son siervos de Dios? Empecemos con esta pregunta. Recuerden que si no son siervos de Dios son esclavos del pecado, y la paga del pecado es la muerte.

El salmista ha comparado la Palabra de Dios con el sol. El sol en el cielo es todo para el mundo natural, y la Palabra de Dios en el corazón es todo para el mundo espiritual. Sin el sol, el mundo estaría oscuro, muerto y estéril, y ¿qué sería la mente del cristiano sin la influencia iluminadora de la Palabra de Dios? Si desprecian las

Sagradas Escrituras, son como alguien que desprecia el sol. Parece que están ciegos, y peor que ciegos, porque incluso los que no ven disfrutan del calor del sol.

¡Son muy depravados si no logran percibir en el Libro de Dios ese lustre celestial! La Palabra del Señor es la que hace nuestro día, nuestra primavera y nuestro verano; prepara y madura todos nuestros frutos. Sin la Palabra de Dios estamos en las tinieblas de la muerte espiritual. Esta mañana no dispongo de tiempo para resumir todas las bendiciones que recibimos por medio de la luz y el calor del sol y de otras influencias. Lo mismo sucede con la ley perfecta del Señor: cuando desciende sobre el alma con el poder del Espíritu de Dios, aporta innumerables bendiciones, más de las que nosotros podamos discernir.

La revelación de Dios enriquece la mente con conocimiento, el corazón con consuelo, la vida con santidad, al hombre entero con fortaleza divina. Quien estudia, entiende y hace suyos los estatutos del Señor es rico en el sentido más real, rico en santidad para esta vida, y rico en la preparación de la vida venidera. Tenemos minas de tesoros si la Palabra de Dios habita en abundancia en nuestro corazón. Pero en el Libro sagrado no solo hallamos unas riquezas de oro acumulado, sino una abundancia presente de dulzuras para disfrutar ahora. Quien vive conforme a la Palabra de Dios gusta la miel de la vida, una dulzura muy superior a la de la miel, porque la miel sacia pero nunca satisface, empalaga y nunca contenta. Cuanto más tengan de la enseñanza divina, más desearán tener y más serán capaces de disfrutar. Quien ama el Libro inspirado tendrá riquezas para su mente y dulzura para su corazón.

Quien ama el Libro inspirado tendrá riquezas para su mente y dulzura para su corazón.

Principalmente, David aspira a lo práctico, de modo que tras haber introducido el sol como símbolo de la Palabra de Dios debido a su agradable influencia, añade: "Tu siervo es además amonestado con ellos; en guardarlos hay grande galardón".

LA PALABRA NOS GUARDA

Estamos en territorio enemigo y vivimos siempre en peligro; cuando más seguros pensamos estar es cuando el peligro es mayor. En los relatos de la Biblia descubrirán que las derrotas más aplastantes han caído sobre ejércitos de forma repentina, cuando estaban con la guardia baja. El ejército de Cristo siempre ha tenido necesidad de montar sus defensas y colocar centinelas para impedir que el adversario nos tome por sorpresa. Nunca podemos saber cuándo es probable que venga el asalto; es de sabios dar por hecho que siempre estamos rodeados de enemigos. La Palabra de Dios nos guarda, vigilando nuestras almas, y cuando se aproxima un peligro hace sonar la alarma. Las distintas partes de las Escrituras (los estatutos, las doctrinas, las ordenanzas, las promesas, los preceptos) actúan como empalizadas que defienden el ejército y preparan a los soldados del Señor para que resistan los ataques repentinos: "Tu siervo es además amonestado con ellos".

¿De qué maneras nos advierte la Palabra de Dios? Lo hace de muchas maneras. Diría, primero de todo, que señalando el pecado y describiendo su naturaleza y sus peligros. Aquí tenemos la mente del Señor respecto a la conducta moral, de modo que no tenemos que hacer hipótesis. Sabemos, gracias a una enseñanza inerrante, qué es lo que el Señor aborrece. Esos Diez Mandamientos son como linternas dispuestas en torno a un espacio libre en la calle. Dios solo prohíbe aquello que nos perjudicaría, y solo ordena aquello que redundará en nuestro beneficio permanente. Extiendan delante de sus ojos la ley de Dios y, a medida que la lean, pueden decir: "Tu siervo es además amonestado con [estos mandamientos]". Cuando paseo, veo carteles que llevan impresas las palabras ¡ENTRADA PROHIBIDA!, y eso evita que entre donde no debo.

Es pertinente estar familiarizado no solo con la letra de la ley, sino también con su espíritu. Los Diez Mandamientos condenan multitud de pecados; ciertamente, podemos decir de la ley de Dios que "amplio sobremanera es tu mandamiento" (Sal. 119:96). Todas estas son sirenas de niebla que nos advierten de los peligros que podrían hacer naufragar nuestras almas.

> La Palabra de Dios nos guarda, vigilando nuestras almas, y cuando se aproxima un peligro hace sonar la alarma.

Al estudiar la Palabra de Dios se nos hace ver que el pecado es extremadamente pecaminoso, ya que deshonra a Dios, nos enemista con nuestro mejor amigo y nos impulsa locamente a destruir nuestras propias almas. Según la Palabra de Dios, el pecado es asesino: mató al Salvador de los hombres. Dondequiera que vaya el pecado, le sigue la muerte. El pecado puede llevar el placer pintado en el rostro, pero en sus talones anida la ruina. La conclusión de la obra del pecado es la destrucción eterna. La Palabra de Dios es sencilla y explícita sobre estos hechos tan graves. Prohíbe que nos relacionemos incluso con la apariencia del pecado. Nos advierte contra los pecados de pensamiento y de temperamento, así como contra las transgresiones de la lengua y de los actos.

Aquel que por la gracia esté familiarizado con su Biblia será protegido de esas trampas en las que tantos han caído apresuradamente, debido a su descuidado menosprecio de la Palabra de Dios y de sus mandamientos santos. Un precepto en las Escrituras es como un faro sobre una ciénaga o un escollo: invita en silencio al timonel a que dirija su barco hacia otro lado. Toda la costa de la vida está guardada por estas luces protectoras, y quien las tenga en cuenta podrá navegar con seguridad. Pero recuerden: una cosa es que las Escrituras hagan una advertencia; y otra, que nosotros hagamos caso; y si no atendemos a la advertencia, no podemos decir: "Tu siervo es además amonestado con ellas". ¡Oh, Dios quiera que nuestros corazones se hallen en tal estado que una mera sugerencia de la Palabra nos haga estar alertas contra el mal!

Después, la Palabra de Dios nos amonesta al recordarnos nuestros deberes. No solo se nos enseña negativamente lo que no debemos hacer, sino positivamente lo que sí debemos hacer, de modo que se nos advierte contra los pecados de omisión. Ojalá los profesores que olvidan muchos elementos del ejemplo del Salvador estudiaran más su carácter, señalando los puntos respecto a los cuales se quedan cortos. Si leyéramos las vidas de los santos que hallamos en las Escrituras y nos fijáramos en qué ámbitos no llegamos a ser como ellos, nos prestaría un gran servicio. Ciertamente, Señor, tus siervos serían provechosamente amonestados si preguntáramos más a menudo: "Señor, ¿qué quieres que haga?". Al pasar estas páginas sagradas destacamos una bendición determinada que vino sobre un hombre de Dios en relación con determinada virtud, y luego se nos amonesta a cultivarla si queremos recibir esa bendición. El Señor no nos paga por nuestro trabajo como si fuéramos jornaleros y nuestro trabajo fuera meritorio, pero aun así, conforme a su gracia, recompensa a sus siervos fieles y así les exhorta a obedecer con diligencia. Todo precepto de la Biblia debería ser una flecha encaminada al corazón de nuestra despreocupación y nuestro olvido. Entonces diríamos a menudo, como hacía David: "Tu siervo es además amonestado con ella". Como nuestro Señor cuando fue joven, debemos estar en los negocios de nuestro Padre, y debemos seguir en ellos hasta que como Él podamos decir "he acabado la obra que me diste que hiciese" (Jn. 17:4).

La Palabra de Dios también nos advierte de nuestra debilidad para cumplir los deberes que nos encomienda y de nuestra tendencia a caer en los pecados que nos prohíbe. Pone ante nosotros un ejemplo noble, pero nos pide que recordemos que solo podemos seguirlo gracias al poder de Dios. Extiende ante nosotros un programa de santidad perfecta, pero no nos halaga con la idea de que podemos cumplirlo mediante nuestras propias fuerzas. Nos humilla al mostrarnos que no podemos ni siquiera orar como debiéramos sin la enseñanza del Espíritu, ni tener buenos pensamientos sin su ayuda. Las Escrituras nos advierten continuamente del engaño de nuestros corazones y de la tendencia del pecado de pasar de un estadio del mal al siguiente.

Las Escrituras nos manifiestan nuestra incapacidad espiritual si no contamos con el Espíritu divino, y necesitamos grandemente estas amonestaciones, porque somos dados a ser autosuficientes. Con el más mínimo acicate, se dispara nuestro orgullo. ¡Qué pronto creemos estar cerca de la perfección cuando en realidad estamos al borde de una caída! Se nos da bien sentarnos e imaginar que hemos ganado la carrera y, sin embargo, no hemos recorrido ni la mitad del camino. La Palabra de Dios refrena constantemente la confianza de nuestra carne y perturba la satisfacción que sentimos con nosotros mismos. Protesta de continuo contra nuestra suposición de que hemos llegado al final del camino, cuando en realidad solo somos bebés en la gracia. Nos indica dónde radica nuestra mayor fuerza, pero nos advierte que no confiemos en absoluto en nuestra experiencia pasada, en nuestra firmeza de carácter, la fuerza de nuestra determinación o la profundidad de nuestra santificación, y que descansemos solamente en la gracia celestial, que debemos recibir hora tras hora. Si damos paso al orgullo, esto contradice las amonestaciones de los estatutos divinos.

Así, la Palabra de Dios nos advierte en todo momento contra las tentaciones del mundo en el que vivimos. Lean su historia desde el primer día de la caída de Adán hasta el último capítulo de su contenido y verán que constantemente representa el mundo como un lugar donde los herederos del cielo son puestos a prueba. Cuando leemos las Escrituras, Cristo parece estar orando por nosotros cada día, diciendo: "No ruego que los quites del mundo, sino que los guardes del mal" (Jn. 17:15).

La Palabra de Dios nos advierte en todo momento contra las tentaciones del mundo en el que vivimos.

Si piensan que su posición social en la vida les exime de las tentaciones, viven tristemente engañados. La pobreza tiene su faceta nociva y las riquezas están repletas de trampas. Incluso en medio de una familia cristiana podemos ser seducidos a caer en un gran pecado. No hay lugar bajo el cielo donde no puedan alcanzarnos las flechas de la tentación.

Esa situación viene acompañada de persecución, porque como no somos del mundo, este nos odia. "En el mundo tendréis aflicción" (Jn. 16:33) es una profecía fiable. Si ustedes no se topan con persecución, deben recordar que las sonrisas del mundo son incluso más peligrosas que sus miradas de desaprobación. ¡Cuidado con la prosperidad! Den gracias a Dios si disponen de riquezas conforme al mundo, pero trátenlas con prudencia y vigilen cuidadosamente su corazón para que no acaben postrándose ante el becerro de oro. La adversidad tiene menos poder para dañar que la prosperidad.

Se nos advierte constantemente que nos vistamos toda la armadura de Dios y que no dejemos a un lado ni por un momento el escudo de la fe. Se nos exhorta a estar vigilantes en todo tiempo y a orar sin cesar, porque incluso en la vida más apacible, en la compañía más piadosa y en medio del trabajo regular y cotidiano, acechan los peligros. Allí donde pensamos que estaremos muy tranquilos, tumbados sobre un prado con flores, es más probable que nos muerda la serpiente mortífera.

Déjenme añadir en este punto que se nos amonesta reiteradamente contra las tentaciones de Satanás. Hoy día, hay algunos teólogos que no creen en la existencia de Satanás. Quienes están más engañados por él son quienes rechazan con más fervor toda fe en su existencia. Cualquier hombre que haya experimentado sus tentaciones sabe que existe cierto personaje misterioso, invisible pero casi invencible, que va por ahí buscando a quién puede devorar. Tiene un poder muy superior a lo humano y una astucia que es igual a la que puedan tener mil de los hombres más listos. Se esforzará por influir en nuestras mentes en un sentido contrario a la intención de estas, por conducir nuestros pensamientos en direcciones que aborrecemos, por sugerir preguntas sobre verdades de las que estamos seguros, e incluso blasfemias contra Aquel a quien, en lo más profundo de nuestros corazones, adoramos con amor.

El poder de Satanás sobre la vida del cristiano es una fuerza que debemos tener en cuenta, porque si no es así, caeremos debido a la ignorancia. Algunos, en especial, mantienen una lucha tremenda contra este malvado, y hay algunos muy probados que prácticamente no pasan un día sin ser atormentados por el aullido de este perro o por los mordiscos que dirige a sus tobillos. No puede poseernos, como hace con muchos de los impíos, pero a quien no puede devorar lo agobia con un gozo malicioso. Independientemente de lo que tengan que decir de él los ministros con un "pensamiento moderno", las Escrituras inspiradas no nos dejan en la ignorancia sobre sus trucos, sino que nos ponen en guardia contra su terrible poder, diciéndonos que oremos así: "No nos metas en tentación, mas líbranos del mal" (Mt. 6:13).

Las tentaciones del mundo y de la carne están más a nuestro nivel que los ataques de Satanás, el príncipe de las fuerzas del mal. Sus ataques son tan misteriosos, tan astutamente adaptados a nuestras debilidades, y están ajustados con tanto ingenio a nuestras circunstancias que, a menos que el Señor Espíritu Santo nos proteja cada día con su amplio escudo de gracia, correremos un gravísimo peligro. ¡Oh, Señor!, por estas palabras tuyas, tu siervo es amonestado a que resista al enemigo y evite sus argucias. ¡Gloria sea dada a tu cuidado amoroso!

Las enseñanzas del Señor también nos advierten que debemos esperar las pruebas. La Biblia nunca promete una vida fácil al creyente genuino. Más bien, le asegura que tendrá problemas igual que las chispas vuelan hacia lo alto. Nunca podremos alzarnos hacia el cielo con las alas de la tranquilidad enriquecedora; debemos avanzar penosamente por el camino de los peregrinos. En las páginas inspiradas vemos que no podemos recibir una corona si antes no habido una batalla, ni recibir honra sin que medie el sufrimiento. Jesús fue al cielo por un camino difícil y nosotros debemos seguirlo. Todo el que cree en la cruz debe cargar con ella.

Los hombres más felices imaginables de quienes pudiera decirse que Dios los había protegido dentro de sus muros a ellos y todo lo que tenían, a su debido tiempo tuvieron que pasar por el poste de los azotes y dolerse bajo el látigo. Incluso Job, aquel hombre perfecto y justo, no se vio privado de problemas. Amados, esperen ser probados, y cuando llegue la prueba no lo consideren algo extraño. Navegarán por un mar embravecido como aquel que sacudió a su

Señor. Es posible que el calor y el cansancio los agobien, como le sucedió a su Maestro. Para ustedes el mundo es un desierto, como lo fue para Él. "Espinos y cardos te producirá" (Gn. 3:18). No intenten edificar su mansión en este mundo, porque desde la Palabra hay una voz que clama diciéndoles: "no es este el lugar de reposo, pues está contaminado, corrompido grandemente" (Mi. 2:10). Por consiguiente, amados, se les amonesta a que tengan sus armas listas.

La Palabra de Dios también nos advierte al profetizar las cosas que vendrán en el futuro. En estos momentos no puedo ahondar en lo que es una experiencia muy interesante, a saber, el hecho singular de que Dios utiliza la Biblia para advertir a individuos sobre sucesos que están a punto de acontecerles. El Libro está lleno de profecías dirigidas a las naciones, pero en ocasiones también dirige algunas a creyentes individuales. ¿No se les ha grabado alguna vez en la mente un pasaje de las Escrituras que han llevado en la cabeza durante horas, incluso días, sin saber por qué, hasta que ha sucedido alguna cosa que ha coincidido con tanta exactitud con aquel pasaje que no pudieron por menos que pensar que había sido preparado para aquella circunstancia? ¿Acaso su lectura matutina no presagia a veces las tristezas o los deberes de ese día? ¿No han descubierto a menudo que si leen la Biblia consecutivamente, de una u otra manera el pasaje que encuentran a su debido tiempo resultará ser una lección tan pertinente para ese día como si lo hubieran escrito a propósito para coincidir con su caso? No soy ni mucho menos supersticioso, ni deseo alimentar la fe en las meras impresiones, pero no puedo cerrar los ojos ante unos hechos que me han sucedido a mí mismo. Sé que a través de este Libro de Dios he recibido mensajes destinados a mi corazón que venían revestidos de un poder y de una idoneidad peculiares de tal modo que me he sentido obligado a decir con énfasis: "Tu siervo es además amonestado con ellos".

Pero la Biblia nos advierte a todos sobre algunos acontecimientos muy grandes, especialmente sobre la segunda venida del Señor y el juicio futuro. No nos dice claramente cuándo aparecerá nuestro Señor, pero sí que nos advierte que, para aquellos que no estén listos, vendrá como un ladrón en la noche. Nos avisa del juicio general y del día en que todos los hombres volverán a vivir y estarán en pie delante del gran trono blanco. Nos habla de aquel día en que serán revelados todos los secretos y todos los hombres recibirán lo que merecen por las cosas que han hecho estando en el cuerpo, sean buenas o malas. "Tu siervo es además amonestado con ellos".

Si vivo como una de esas cabezas de ganado, en el presente inmediato, si no tengo interés alguno por ese futuro que se acerca veloz, si mi alma nunca se imagina ante el tribunal de Cristo, si no preveo nunca el día en que cielos y tierra, ante la presencia del gran Juez, pasarán rápidamente, entonces no puedo ser un lector diligente de la Palabra de Dios. Si escudriño las Escrituras seré llamado a caminar a la luz del último día y me pedirán que ciña mis lomos para enfrentarme a aquella temible evaluación. ¡Oh, que todos estemos amonestados para estar listos, que podamos dar cuentas con alegría! ¡Oh, que aceptemos las advertencias de las Sagradas Escrituras hasta el punto de estar listos para morir, para el juicio y para aquella sentencia final que nunca podrá abrogarse! Si fuéramos realmente sabios, estas advertencias echarían sal en nuestras heridas y las protegerían de la corrupción de este mundo.

Amados, confío en que todos nosotros que conocemos al Señor usemos su santo Libro como la protección constante de nuestras vidas. Que sea para nosotros como una sirena de niebla, que se active a modo de advertencia cuando el camino está oculto en la bruma. Que sea como ese farol rojo en la vía férrea, que nos sugiere que nos detengamos porque la ruta es peligrosa. Que sea como un perro de noche, que nos despierta del sueño porque un ladrón intenta entrar en casa. O como el vigía en la cofa de un barco que grita "¡Escollos a proa!". ¡Oh, Libro precioso, haz sonar la campana de alarma en mis oídos e indúceme a huir de la ira venidera! De día y de noche, me encuentre donde me encuentre, que una palabra del oráculo de Dios resuene en mis oídos y me impida dormir al borde del abismo. Que ningún enemigo pueda acercarse sigiloso a nosotros cuando durmamos sumidos en una falsa seguridad, porque es más que hora que despertemos del sueño. Este Libro nos dice que lo hagamos.

GUARDAMOS LA PALABRA

"En guardarlos hay grande galardón". ¿Qué significa guardar los testimonios de la Palabra de Dios? Ustedes saben perfectamente que no basta con tener el sagrado Libro en sus casas, descansando sobre la mesa para que los visitantes vean que disponen de una Biblia para la familia. Tampoco basta con meterla en la estantería donde el polvo pueda llegar a cubrirla antes de que nadie la use. Esto no es guardar la Biblia, es enterrarla. No les amonesta porque la ahogan; no la guardan, porque la deshonran mediante su indiferencia. Deben sentir un aprecio reverente por ella, estar cada vez más familiarizados con ella, pero solo si la guardan. "La palabra de Cristo more en abundancia en vosotros" (Col. 3:16).

Guardar la Palabra de Dios es, antes que nada, estudiarla profundamente hasta familiarizarse con su contenido. Conozcan su Biblia de principio a fin. Temo que hoy día pocas personas escudriñan la Biblia. Si la Palabra de Dios se hubiera estudiado diligentemente, no se habría producido un alejamiento tan general de sus enseñanzas. Las personas que leen la Biblia raras veces participan de la teología moderna. Quienes se alimentan de la Palabra de Dios la disfrutan demasiado como para renunciar a ella. Si comparan las cosas espirituales con otras que también lo son, aprenden a valorar toda la verdad revelada y mantienen firme la fe que fue que ha sido una vez dada a los santos. Queridos jóvenes, si nunca en su vida leen una novela romántica no se perderán nada, pero si no leen sus Biblias lo perderán todo. Esta es la era de la ficción y, por lo tanto, la era de la especulación y del error. Abandonen la ficción y entréguense totalmente a la verdad. La Biblia es la enciclopedia del conocimiento celestial, de la ciencia divina: léanla, señálenla, apréndanla y digieran su contenido en su ser, y entonces estarán guardando las palabras de Dios.

Si nunca en su vida leen una novela romántica no se perderán nada, pero si no leen sus Biblias lo perderán todo.

Pero no podemos guardarlas sin ir más allá de esto: debemos sentir celo por su defensa. Que pueda decirse de cada uno de nosotros: "Has guardado mi Palabra". Cuando encuentren a otros negando la verdad de Dios, aférrense con más fuerza a ella. Cuando otros argumenten contra ella, estén ustedes preparados para dar razón de la esperanza que hay en ustedes, con mansedumbre y temor. Hoy en día no es tarea fácil mantenerse firmes en la fe, porque la corriente que avanza contra la incredulidad es fuerte como un torrente y muchos han sido arrastrados por ella y están siendo llevados hasta las cataratas del error.

Que Dios les ayude a decir, junto a los peregrinos en la Feria de las Vanidades, "¡Compramos la verdad!". Cómprenla a cualquier precio y no la vendan a ninguno. Debería serles más preciosa que la vida, porque así lo fue para los mártires de nuestro propio país y para los Covenanters escoceses, en cuyos pasos seguimos. A ellos les importaba poco que les cortaran o no la cabeza, porque lo único que les importaba era el Rey Jesús y los estatutos de su Palabra. Amados, feliz será al final aquel hombre que durante un tiempo ha padecido el desprecio, ha sido acusado falsamente y se ha visto separado de sus hermanos por causa de su fidelidad a la verdad de Dios. Pase lo que pase, quien se ponga de parte de la verdad al final no saldrá perdiendo.

Pero esto no es todo; debemos ir mucho más allá. Debe darse una observancia cuidadosa de la ley del Señor. No se podrá decir que guardamos la Palabra de Dios si nunca la cumplimos en nuestras vidas. Si conocemos los mandamientos pero no los obedecemos, incrementamos nuestro pecado. Si entendemos la verdad y hablamos de ella pero somos lentos a la hora de vivir conforme a ella, ¿qué será de nosotros? Esto no es guardar la Palabra de Dios, sino creerla siendo injustos. En algunos casos, este puede ser un pecado de presunción. Cuando su conocimiento excede con creces a su práctica, examínense para ver que no son culpables de pecar voluntariamente. Debemos guardar la Palabra de Dios en el sentido en que nuestro Señor usó el término cuando dijo: "Si me amáis, guardad mis mandamientos" (Jn. 14:15).

Una vez más, ni siquiera esto es suficiente. Debemos guardar la verdad de Dios no solo mediante el estudio reverente de ella, mediante su propagación, por medio de su cumplimiento exhaustivo, sino también al aferrarnos internamente a ella con amor y considerándola preciosa en lo más profundo de nuestros corazones. Para poder guardar lo que creen, deben amarlo. Si la verdad viene a ustedes con el poder de Dios, entonces puede humillarlos, puede disciplinarlos, puede refinarlos como el fuego, pero la amarán como a su vida. Será música para sus oídos, miel para su paladar, oro para su bolsa, cielo para su alma. Que su propio ser esté entretejido con la Palabra fiel. Igual que los recién nacidos desean la leche no adulterada, deseen ustedes las enseñanzas del Espíritu para que puedan crecer. Cada palabra de Dios debe ser como pan para nosotros, algo de lo que tenemos hambre y con lo que nos satisfacemos. Debemos amarla incluso más que nuestros alimentos necesarios. Debemos sentir un amor siempre ardiente, ferviente, por aquello que Dios ha dicho, un amor que ningún aluvión de críticas destructivas pueda apagar o ni siquiera mojar.

Pero ahora el pasaje dice: "en guardarlos hay gran galardón". Aquí deben tener paciencia conmigo mientras expongo la gran recompensa que obtienen los creyentes obedientes. Hay muchas recompensas y la primera es una gran paz mental. "Mucha paz tienen los que aman tu ley, y no hay para ellos tropiezo" (Sal. 119:165). Cuando un hombre ha hecho lo que Dios le pide que haga, su conciencia está en paz. Prefiero tener como enemigo a cualquiera menos a mi conciencia. Cuando la propia conciencia de un hombre es su enemiga, ¿adónde puede huir en busca de refugio? La conciencia pone el dedo en la llaga, y la herida es profunda.

Sin embargo, cuando un hombre puede decir en toda conciencia: "Hice lo correcto; sostuve la verdad; honré a mi Dios", entonces la censura de otros hombres es poca cosa. En este caso, ustedes no tienen ningún problema con las consecuencias de sus actos, porque si se produjera alguna consecuencia negativa, la responsabilidad no sería suya. Hicieron lo que les dijeron. Habiendo hecho lo que Dios les mandaba, las consecuencias son cosa de su Señor y no suya. Si fuera probable que se fuera a desplomar el cielo, no nos tocaría a nosotros apuntalarlo con una mentira. Si la Iglesia entera de Dios amenazara con hacerse pedazos, no sería nuestra labor sujetarlos mediante una concesión a los impíos. Si no lograran alcanzar el éxito en la vida, tal como lo definen los hombres, no es culpa suya si no pueden alcanzarlo sin ser deshonestos. Es un éxito más grande ser honesto y pobre que enriquecerse ilegalmente. Si por medio de la gracia han hecho la voluntad de Dios, la paz de ustedes será como un río y su justicia como las olas del mar. ¿Se les ocurre una recompensa mayor que esta? A mí, no. Una conciencia tranquila es un pequeño cielo.

Es mejor hacer el bien que prosperar. Un corazón firme en la verdad ofrece riquezas más grandes que un almacén lleno de oro y plata. Hay más honor en ser derrotados en la verdad que en mil victorias obtenidas mediante argucias y falsedades. Aunque la fama les diera el monopolio de su trompeta descarada durante los próximos diez siglos, no podría honrarles tanto como lo serán al seguir la justicia y la verdad, aunque los hombres no se enteren de la integridad de ustedes. En guardar la Palabra del Señor hay una gran recompensa, aunque no obtengan ustedes ninguna en el mundo. La aprobación de Dios es más que la admiración de las naciones. Sin duda esta es una gran recompensa.

La siguiente gran recompensa es el aumento del conocimiento divino. Si algún hombre conoce la voluntad de Cristo, que la haga. Cuando se envía a un joven a aprender un oficio, lo hace trabajando en ello, y nosotros aprendemos la verdad que enseña nuestro Señor cuando obedecemos sus mandamientos. Para alcanzar las costas de la sabiduría celestial, todo el mundo debe labrarse su pasaje. La santidad es el camino del rey, que lleva al conocimiento escritural. Sabemos lo que sabemos, nada más. "El que quiera hacer la voluntad de Dios, conocerá si la doctrina es de Dios"

(Jn. 7:17). Puede pasar que se sienten a meditar en la doctrina, pero no la entiendan. Ustedes meditan en ella y consultan con un teólogo experto, pero aun así no la entienden. Sean obedientes, oren pidiendo un corazón dispuesto a hacer la voluntad de Dios, y ya habrán recibido una mayor capacidad, y con ella, nueva luz para sus ojos. Aprenderán más mediante la práctica santa que por medio del estudio agotador. Que el Señor nos ayude a seguir conociéndole, ¡porque entonces sabremos! La práctica perfecciona. La obediencia es la mejor de las escuelas, y el amor el más apto de los maestros. Conocer el amor de Cristo, que sobrepasa todo entendimiento, es el don de la gracia para los fieles. ¿No es esta una gran recompensa?

Aprenderán más mediante la práctica santa que por medio del estudio agotador.

Además, al guardar los mandamientos aumentamos nuestra conformidad con Cristo y, por consiguiente, la comunión con Dios. El que hace como hizo Cristo es como Cristo, porque nuestra semejanza es moral y espiritual. Recibimos la medida de su imagen cuando hacemos sus obras, y entonces, igual que Cristo vivió en constante comunión con Dios, porque siempre hizo las cosas que agradaron a Dios, nosotros caminamos en la luz, como Dios está en la luz, cuando obedecemos la voluntad divina. Si caminan en el pecado, no pueden caminar con Dios. Si son obedientes, entonces todas las nubes serán dispersadas y su luz brillará cada vez con más fuerza hasta el día perfecto. El pecado les hará abandonar la comunión con Dios, o bien esa comunión les hará abandonar el pecado: debe suceder una de estas dos cosas. Si son apartados del pecado y se les induce a la obediencia, serán portadores de la imagen de lo celestial y tendrán una interacción cotidiana con ello.

Esta actividad vendrá seguida por la cuarta gran recompensa, que es el poder en la oración. Jesús dice: "Si permanecéis en mí, y mis palabras permanecen en vosotros, pedid todo lo que queréis, y os será hecho" (Jn. 15:7). Si leen el Evangelio de Juan, verán con frecuencia cómo el éxito en la oración es, en el caso del creyente, algo que depende de su obediencia completa. Si no hacen caso de la Palabra de Dios, tampoco Él hará caso de las suyas. Algunas personas se quejan de que no tienen poder con Dios. Pero ¿tiene Dios algún poder con ellas? Fíjense en las imperfecciones de sus vidas y dejen de maravillarse por el fracaso de sus oraciones. Una vida incoherente aquí abajo supone una oración improductiva allá arriba... si es que realmente se ora. No pueden contar con la atención de Dios en lo privado si Él nunca tiene su atención en lo público. Si viven como viven los habitantes del mundo, el Señor los tratará como trató a Caín, por cuya ofrenda no mostró respeto. No se asombren por la improductividad de sus devociones privadas si en su vida pública ustedes son personas licenciosas. ¡Oh, Señor Espíritu Santo, santifícanos en nuestras vidas cotidianas para que obtengamos acceso a Dios por medio de Jesucristo, y para que nuestros ruegos sean aceptados en Él!

Una gran recompensa es el hábito de la santidad. Al hombre que, mediante la gracia divina, ha seguido por mucho tiempo el camino del Señor le resulta más fácil hacerlo porque ha adquirido el hábito de la obediencia. Al principio, todas las cosas son difíciles, pero a medida que procedemos se vuelven más fáciles. No digo que la santidad nos resulte fácil alguna vez. Debe siempre conllevar un esfuerzo y necesitamos que el Espíritu Santo nos ayude en todo momento, pero al mismo tiempo es mucho más fácil que obedezca un hombre que ya lo ha hecho antes que alguien que ha vivido en una rebelión constante.

Si tienen fe, casi como una consecuencia necesaria tendrán más. Si oran mucho, orarán más; es casi inevitable que lo hagan. Hay creyentes a quienes el Señor ha puesto en los raíles de la vida; no circulan por la carretera, como los vehículos comunes, sino que siguen las líneas del tranvía del hábito, de modo que siguen los caminos del Señor. A veces una piedra cae en los raíles y se produce una sacudida desagradable; pero, aun así, tales personas no hacen iniquidad, sino que mantienen la línea recta hasta el final de su viaje. Esta es una gran recompensa de la gracia.

Si son obedientes serán recompensados porque Dios les hará más obedientes. Igual que el operario diligente se vuelve experto en su trabajo, se volverán ustedes habilidosos en la santidad. El uso se vuelve una segunda naturaleza. ¡Qué alegría cuando la santidad se vuelve nuestra segunda naturaleza, cuando la oración se vuelve tan cotidiana como respirar y la alabanza tan constante como el latido de nuestros corazones! ¡Ojalá el odio del pecado sea espontáneo y que el deseo de las mejores cosas sea el hábito de nuestra alma! No conozco una recompensa mayor que este hábito de la santidad que el Señor, en su gracia, nos concede.

Por lo general, esto vendrá seguido de otra gran recompensa, a saber, la utilidad para otros. Quienes guarden los mandamientos del Señor serán un ejemplo que otros puedan copiar, y tendrán una influencia que les inducirá a imitarles. ¿No creen que muchos cristianos no tienen hijos espirituales porque son desobedientes? ¿Cómo puede Dios concederme que lleve a otros a Él si me permito distanciarme de Él? La capacidad de bendecir a otros debe ser primero un poder que llevemos dentro. No sirve de nada motivarnos a una sinceridad fingida durante una reunión y luego pensar que este tipo de cosas realizará una auténtica obra de gracia en otros; la semilla del fingimiento producirá una cosecha de hipócritas y nada más.

De un hombre no puede salir nada que antes no lleve dentro; y si está en él, se apreciará tanto en su vida como en su enseñanza. Si yo no vivo lo que predico, mi predicación no está viva. Podría señalar a hombres de gran talento que no ven ninguna conversión, y no nos extraña, porque en sus propias vidas no hay santidad, ni espiritualidad, ni comunión con Dios. Podría mencionar a personas cristianas, con dones considerables, que no obtienen una medida de gracia correspondiente y, por lo tanto, su labor se queda en nada. ¡Oh, quién tuviera más santidad! Donde esta se manifiesta habrá más utilidad.

Si yo no vivo lo que predico, mi predicación no está viva.

Por último, obtendremos la gran recompensa de aportar gloria a la gracia de Dios. Si somos santificados, los hombres, viendo nuestras buenas obras, glorificarán a nuestro Padre que está en los cielos; ¿y no es ese el verdadero fin de nuestra existencia? ¿No es esto la flor y el fruto de la vida? Por lo tanto, les ruego que anden humilde y cuidadosamente con Dios, para que Él pueda ser honrado en ustedes.

Antes de sentarme, hay dos cosas que quiero decir. La primera es que nos aferremos con fuerza, tenazmente, a la verdad de la inspiración de la Palabra de Dios. Si no es inspirada e infalible, no puede avisarnos de nada. Veo poca utilidad en que nos adviertan cuando el aviso puede ser como el grito ocioso: "¡Que viene el lobo!", cuando no viene. En el servicio ferroviario, todo depende de la precisión de las señales: cuando no están bien se pierden vidas. En el camino al cielo necesitamos señales inerrantes, porque si no, las catástrofes serán mucho más terribles. Ya es lo bastante difícil enderezarme y conducir cuidadosamente el tren de la conducta. Si además de esto debo encauzar la Biblia e interpretar así las señales a lo largo del camino permanente, estoy en una situación por demás desastrosa. Si la luz roja o la verde me engañan, me sirve tanto tener señales como no tenerlas. Debemos disponer de algo fijo y cierto, porque si no, ¿dónde está el fundamento? ¿Dónde está el punto de apoyo de nuestra palanca, si nada es seguro? Si no puedo confiar implícitamente en mi Biblia, pueden tomarla y quemarla, porque ya no me sirve de nada. Si no es inspirada, deja de tener el poder de advertirme o de exigirme obediencia.

Mientras se sujetan firmemente de la inspiración, pidan a Dios que se la demuestre. Su advertencia, amorosa pero eficaz, demostrará su inspiración. Este Libro precioso me ha levantado muchas veces y me ha hecho detenerme cuando, de otro modo, hubiera proseguido hacia el pecado. En otros momentos me habría quedado sentado si la Biblia no me hubiera hecho ponerme en pie de un salto para huir del mal o buscar el bien. Para mí es un indicador cuya voz valoro. Este Libro tiene un poder que no tiene ningún otro. No hay nada que pueda tocar las cuerdas del alma de un hombre como el dedo del Espíritu de Dios. Este Libro puede alcanzar las fuentes profundas de mi ser y hacer que fluyan los manantiales de vida. La Palabra de Dios es el gran poder de Dios, y está bien que sepan que lo es gracias al poder que tiene sobre ustedes. Que el Señor obre en nosotros el querer y el hacer su buena voluntad, y entonces el Libro será cada vez más precioso a nuestros ojos, y esta percepción de su hermosura será una de las recompensas que vengan a nosotros cuando guardemos los estatutos del Señor. ¡Que así sea con ustedes en Cristo Jesús! Amén.

7

Cómo leer la Biblia

RESUMEN:

Si no entendemos la Biblia, es que no la hemos leído en realidad. La primera idea de Spurgeon es que para obtener una lectura correcta de las Escrituras debemos entenderlas. El beneficio de leer la Palabra consiste en entenderla. Con este fin debemos orar siempre. Después, Spurgeon dice que, al leer, debemos buscar la enseñanza espiritual de la Palabra. Spurgeon argumenta que esa lectura es *provechosa*. A menudo, leer la Palabra engendra vida.

CITAS DESTACADAS:

"Ciertamente, el beneficio de la lectura debe llegar al alma por la vía del entendimiento".

"La Palabra de Dios siempre es más preciosa para el hombre que más vive de ella".

"No han leído realmente, hasta que comprendan el espíritu del asunto".

Sermón predicado por Charles H. Spurgeon en 1879. *Metropolitan Tabernacle Pulpit*, vol. 25.

7

Cómo leer la Biblia

¿No habéis leído...?... ¿O no habéis leído...?... Y si supieseis qué significa...

MATEO 12:3-7

LOS ESCRIBAS y los fariseos eran grandes lectores de la ley. Estudiaban constantemente los libros sagrados, reflexionando sobre cada palabra y cada letra. Tomaban notas de muy poca importancia, pero aun así muy curiosas: cuál era el versículo que estaba en la posición central de todo el Antiguo Testamento, qué versículo estaba a la mitad de esa mitad y cuántas veces aparecía una palabra, e incluso cuántas veces aparecía una letra, el tamaño de esta y la posición peculiar que ocupara. Nos han legado un montón de notas maravillosas sobre las meras palabras de las Sagradas Escrituras. Podrían haber hecho lo mismo en cualquier otro libro, y la información habría sido tan importante como los datos que ellos recogieron tan industriosamente sobre la letra del Antiguo Testamento. Sin embargo, eran ávidos lectores de la ley.

Iniciaron un debate con el Salvador sobre un tema tocante a esta ley, porque la llevaban siempre muy a mano y estaban dispuestos a usarla como un ave de presa usa sus garras para rasgar y desgarrar. Los discípulos de nuestro Señor habían arrancado algunas espigas de trigo y las frotaban entre las manos. Conforme a la interpretación farisaica, frotar una espiga de trigo es una especie de trillado y, dado que estaba mal trillar el día de reposo, por consiguiente, debía ser muy grave frotar una o dos espigas de trigo cuando uno tenía hambre la mañana de ese día. Aquel era su argumento y acudieron a exponérselo al Salvador junto con su versión de la ley sabática.

Normalmente, el Salvador siempre llevaba la batalla al campamento del enemigo y, en esta ocasión, eso es lo que hizo. Se encontró con ellos en su propio terreno y les dijo: "¿No habéis leído?", que fue una pregunta cortante para los escribas y los fariseos, aunque en apariencia no tiene nada ofensivo. Era una pregunta justa y correcta, pero imaginen lo que fue hacérsela *a ellos*. "¿No habéis leído?".

"¡Leer!", podrían haber dicho. "¡Pero si hemos leído el Libro varias veces! Siempre lo estamos leyendo. Ningún pasaje escapa a nuestra mirada crítica".

Sin embargo, nuestro Señor procede a hacer la pregunta una segunda vez: "O no habéis leído…?", como si no lo hubieran leído, aunque eran los mayores lectores de la ley que existían en aquel entonces. Insinúa que no han leído nada, y luego les ofrece, como si tal cosa, el motivo por el que les había preguntado si habían leído. Les dice: "Si supieseis qué significa…", como si dijera: "No habéis leído porque no habéis entendido". Sus ojos han pasado por las palabras, y han contado las letras, y han señalado la posición de cada versículo y palabra, y han dicho cosas eruditas sobre todos los libros, y sin embargo ni siquiera son lectores de este volumen sagrado, porque no han adquirido el verdadero arte de la lectura. No entienden y, por lo tanto, no lo leen de verdad. No son más que personas que leen por encima la Palabra, que la hojean; no la han leído, porque no la entienden.

DEBE HABER UNA COMPRENSIÓN DE LAS ESCRITURAS

No hace apenas falta que introduzca estos comentarios diciendo que debemos leer las Escrituras. Saben lo necesario que es que nos alimenten las verdades de las Sagradas Escrituras. ¿Tengo que plantear la pregunta de si leen o no sus Biblias? Me temo que esta es una época en que se leen revistas, en que se leen diarios, boletines, pero no tanto una época en que se lea la Biblia como debiera hacerse.

En los antiguos tiempos de los puritanos, los hombres solían tener una cantidad escasa de otras lecturas, pero encontraban una biblioteca suficiente en el único libro, la Biblia. ¡Y cómo leían la Biblia! ¡Se encuentra muy poca cantidad de las Escrituras en los sermones modernos si la comparamos con los sermones de esos maestros de la teología, los teólogos puritanos! Casi cada una de sus frases parece proyectar luz sobre un pasaje de las Escrituras, no solo aquel acerca del que predican, sino también sobre muchos otros que, a medida que avanza el discurso, se ven iluminados por una luz nueva. Introducen luces entremezcladas procedentes de otros pasajes que son paralelos total o parcialmente, y así enseñan a sus lectores a comparar cosas espirituales con otras que también lo son. Quisiera Dios que nosotros, los ministros, tuviéramos una relación más estrecha con el gran Libro antiguo. Si lo hiciéramos, seríamos predicadores instructivos, aun si ignoráramos el "pensamiento moderno" y no estuviéramos "a la vanguardia de los tiempos". Les garantizo que si conociéramos de cerca la Palabra de Dios estaríamos tremendamente adelantados a nuestros tiempos.

En cuanto a ustedes, mis hermanos y hermanas que no tienen que predicar, el mejor alimento para ustedes es la propia Palabra de Dios. Los sermones y los libros están bien, pero los arroyos que discurren por una larga distancia van recogiendo gradualmente parte de los terrenos por los que fluyen y pierden la frescura con la que brotaron del manantial original. La verdad es más dulce cuando brota de la Roca partida, porque en ese primer borbotón no ha perdido nada de su naturaleza celestial y de su vitalidad. Siempre es mejor beber del pozo y no de la cisterna. Descubrirán que leer la Palabra de Dios por sí mismos, en vez de leer notas acerca de ella, es la manera más segura de crecer en gracia. Beban de la leche no adulterada de la Palabra de Dios, y no de la leche desnatada, o de la leche aguada de la palabra de los hombres.

Pero ahora, amados, nuestra idea es que buena parte de la aparente lectura de la Biblia no es en absoluto una lectura. Los versículos pasan por debajo de la mirada y las frases se deslizan por la mente, pero no es una verdadera lectura. Un viejo predicador solía decir que la Palabra tiene una circulación de lo más fluida entre muchos de nuestra época, porque les entra por un oído y les sale por el otro. Este parece el caso de algunos lectores: pueden leer mucho porque no leen nada. Los ojos miran, pero la mente nunca descansa. El alma no detecta la verdad ni se detiene sobre ella. Revolotea sobre el paisaje como lo haría un ave, pero no construye un nido ni encuentra reposo para las plantas de sus pies. Esa forma de leer no es leer.

Entender la medida es la esencia de la lectura genuina. La lectura tiene un núcleo, y la mera cáscara es de poco valor. En la oración existe lo que se llama la oración en la oración: es una oración que tiene lugar en el lugar más recóndito de la oración. También la alabanza se expresa mediante el canto, un fuego interno de intensa devoción, que es la vida del aleluya. Lo mismo pasa con el ayuno; hay un ayuno que no lo es en realidad, y existe un ayuno interior, un ayuno del alma que es el alma del ayuno. Esto sucede incluso con la lectura de las Escrituras. Existe una lectura interior, una lectura nucleica, una lectura genuina y viva de la Palabra. Esta es el alma de la lectura. Si no está presente, la lectura es un ejercicio mecánico y no aprovecha para nada.

Ahora bien, amados, a menos que entendamos lo que leemos, no lo hemos leído; está ausente el corazón de la lectura. Normalmente condenamos a los católicos romanos por realizar el culto diario en latín, pero bien podría estar en latín o en cualquier otra lengua si los oyentes no entienden lo que se dice. Algunos se consuelan al pensar que han hecho una buena acción cuando han leído un capítulo cuyo significado no han entendido en absoluto. Pero ¿acaso la propia naturaleza no rechaza esto como mera superstición? Si hubieran puesto el libro boca abajo y hubiesen dedicado el mismo tiempo a contemplar los caracteres en esa posición, les habría beneficiado lo mismo que si lo hubieran leído en la posición correcta, pero sin entenderlo. Si tuvieran un Nuevo Testamento en griego a algunos de ustedes les sonaría a chino, pero les sería igual de provechoso leerlo que leer un Nuevo Testamento en su propio idioma a menos que lo leyeran con un corazón entendido.

Lo que salva el alma no es la letra; en muchos sentidos, la letra mata y nunca puede dar vida. Si prestan atención solo a la letra, pueden sentir la tentación de usarla como arma contra la verdad, como hicieron antaño los fariseos, y el conocimiento de ustedes respecto a la letra puede alimentar el orgullo para su propia destrucción. Es el espíritu, el verdadero sentido interno que se infiltra en el alma, el que hace que seamos bendecidos y santificados. Nos saturamos de la Palabra de Dios, como el vellón de Gedeón, que se empapó del rocío del cielo. Esto solo puede suceder cuando la recibimos en nuestras mentes y en nuestros corazones, aceptándola como verdad de Dios y entendiéndola hasta el punto de deleitarnos en ella. Por lo tanto, debemos comprenderla, porque de otro modo no la habremos leído bien.

Ciertamente, el beneficio de la lectura debe llegar al alma por la vía del entendimiento. Cuando el sumo sacerdote entraba en el lugar santísimo, siempre encendía el candelabro de oro antes de prender fuego al incienso que estaba sobre el altar, como para indicar que la mente debe contar con iluminación antes de que los afectos puedan elevarse como deben hacia su objeto divino. Antes de que haya amor hacia Dios tiene que haber conocimiento de Él. Debe existir un conocimiento de las cosas celestiales tal como se nos revelan antes de que podamos disfrutar de ellas. Hemos de intentar dilucidar, hasta el punto en que pueda hacerlo nuestra mente finita, lo que quiere decir Dios con esto y con aquello; de otro modo, podemos besar el Libro, pero no sentir amor por su contenido, y podemos reverenciar la letra y aun así no sentir devoción por el Señor que nos habla por medio de ella. Amados, nunca obtendrán consuelo para sus almas mediante algo que no entienden, ni hallarán guía para sus vidas por medio de lo que no comprenden; y aquello que no asimilen no puede tener ninguna incidencia práctica sobre su carácter.

Ciertamente, el beneficio de la lectura debe llegar al alma por la vía del entendimiento.

Ahora bien, si debemos entender lo que leemos porque si no es así leemos en vano, esto nos demuestra que, cuando abordamos el estudio de las Sagradas Escrituras, debemos intentar que nuestra mente esté bien despierta a ella. Me parece que no siempre estamos en condiciones de leer la Biblia. En ocasiones sería mejor que nos detuviéramos antes de abrir ese volumen para quitar nuestro calzado de los pies, porque el lugar en que estamos, tierra santa es (ver Éx. 3:5). Si acaban de salir ustedes de unas exhaustivas reflexiones sobre su negocio terrenal y de la ansiedad que este produce, no pueden inmediatamente abrir ese Libro y participar de sus alimentos celestiales. Igual que piden una bendición por los alimentos antes de tomarlos, sería una buena regla pedir una bendición sobre la Palabra antes de tomar de sus alimentos celestiales. Pidan al Señor que fortalezca sus ojos antes de atreverse a contemplar la luz eterna de las Escrituras. Igual que los sacerdotes lavaban sus pies en el lavatorio antes de iniciar su tarea sacra, estaría bien lavar los ojos del alma con los que contemplan ustedes la Palabra de Dios, lavar incluso los dedos (esos dedos mentales con los que pasan de una página a otra), para que puedan tratar de un modo santo un Libro que también lo es.

Deben decir a su alma: "Ven, alma, despierta: ahora no estás a punto de leer el diario; no estás pasando las páginas de un poeta humano para que te deslumbre su ostentosa poesía; te estás acercando mucho a Dios, que está sentado en su Palabra como un monarca coronado está en su trono. Despierta, gloria mía; que despierte todo lo que hay en mí. Aunque ahora mismo no esté alabando y glorificando a Dios, estoy a punto de considerar aquello que me inducirá a hacerlo, y por lo tanto es un acto de devoción. Así que prepárate, alma mía. Prepárate y no te inclines somnolienta ante el trono del Eterno".

La lectura de las Escrituras es nuestra comida espiritual. Toquen la campanilla y convoquen a la mesa del Señor todas sus facultades, para que se sacien del precioso alimento del que van a participar o, más bien, toquen la campana de la iglesia como para la alabanza, porque el estudio de las Sagradas Escrituras debería ser un acto tan solemne como cuando entonamos el salmo el día de reposo en los atrios de la casa del Señor.

Si estas cosas son así, verán de inmediato, queridos amigos, que si quieren entender lo que leen tendrán que meditar en ello. Hay algunos pasajes de las Escrituras que se exponen con claridad ante nosotros; son benditos remansos que pueden vadear los corderos. Pero hay profundidades en las que nuestra mente, si acudiera a ellos sin precaución, preferiría ahogarse antes que nadar. Hay pasajes de las Escrituras que fueron hechos y diseñados para hacernos pensar. Por este medio, entre otros, nuestro Padre celestial nos educa para el cielo, al hacernos pensar el camino que lleva hacia los misterios celestiales. Por eso, plasma las palabras de una forma un tanto compleja, para llevarnos a meditar en ellas antes de alcanzar la dulzura que contienen. Podría haberlo explicado todo de tal manera que captáramos la idea en un instante, pero no en todos los casos le agrada hacerlo.

Muchos de los velos que cubren las Escrituras no están pensados para ocultar su significado a los diligentes, sino para inducir a la mente a estar activa, porque a menudo la diligencia del corazón, cuando intenta conocer la mente divina, beneficia más al corazón que el propio conocimiento. La meditación y el ejercicio reflexivo nos ejercitan y nos fortalecen para recibir unas verdades todavía más sublimes.

He oído que las madres que vivían en las Islas Baleares, hace mucho tiempo, y que querían que sus hijos se convirtieran en buenos honderos, solían colocar los alimentos en algún lugar por encima de ellos, de modo que no pudieran alcanzarlos hasta que disparaban una piedra con su honda y los hacían caer. Nuestro

Señor desea que seamos buenos honderos, y coloca algunas verdades preciosas en un lugar elevado, donde no podemos alcanzarlas a menos que las hagamos caer. Al final damos en el blanco y encontramos alimentos para nuestras almas. Entonces disfrutamos del doble beneficio de aprender el arte de la meditación y de participar de la dulce verdad que ha puesto a nuestro alcance.

Hermanos, debemos meditar. Estas uvas no darán su jugo a menos que las pisemos. Estas olivas deben pasar por la prensa y ser prensadas una y otra vez para que de ella fluya el aceite. En un plato con nueces podremos saber cuáles de ellas están comidas porque hay un pequeño orificio donde el insecto ha perforado la cáscara; es un agujero pequeño y dentro está ese pequeño ser comiéndose la nuez. Pues bien, es una gran cosa perforar la cáscara de la letra y vivir luego dentro alimentándose del fruto. Me gustaría ser un gusano así de pequeño, viviendo dentro de la Palabra de Dios y de ella, tras haberme abierto camino por la cáscara y alcanzado el misterio más recóndito del bendito evangelio.

La Palabra de Dios siempre es más preciosa para el hombre que más vive de ella. El año pasado, cuando estuve sentado bajo un haya frondosa, me agradó observar con una creciente curiosidad los hábitos singulares de ese, el más maravilloso de los árboles, que parece disfrutar de una inteligencia que no tienen otros árboles. Me quedé maravillado y admirado ante el haya, pero pensé para mis adentros: no valoro esta haya ni la mitad de lo que aquella ardilla lo hace. La veo saltar de una rama a otra, y estoy seguro de que ama profundamente a la vieja haya, porque tiene su hogar en su interior, en algún hueco; estas ramas son su refugio y esos hayucos son su alimento. Vive en el árbol. Es su mundo, su patio de juegos, su granero, su hogar; de hecho, lo es todo para él y para mí no lo es, porque encuentro mi reposo y mi alimento en otro lugar.

En el caso de la Palabra de Dios, está bien que seamos como ardillas, viviendo en ella y alimentándonos de ella. Ejercitemos nuestras mentes saltando de una de sus ramas a otra, hallemos en ella nuestro reposo y nuestro alimento, y hagamos que sea nuestro todo. Seremos personas que la aprovechan bien si la convertimos en nuestra comida, nuestra medicina, nuestro tesoro, nuestra armería, nuestro descanso, nuestro deleite. Que el Espíritu Santo nos guíe a hacer esto y a que la Palabra sea así de preciosa para nuestras almas.

La Palabra de Dios siempre es más preciosa para el hombre que más vive de ella.

Amados, lo siguiente que quiero recordarles es que, para alcanzar este fin, nos veremos obligados a orar. Es algo grandioso ser impulsados a pensar; y más grandioso aún ser impulsados a orar a consecuencia de haber sigo obligados a pensar. ¿No me dirijo ahora a algunos de ustedes que no leen la Palabra de Dios, y no interpelo a muchos más que sí la leen pero no con el firme propósito de entenderla? Sé que debe ser así. ¿Quieren empezar a ser lectores auténticos? ¿Procurarán esforzarse a partir de ahora? Entonces deben ponerse de rodillas. Deben clamar a Dios pidiendo su guía.

¿Quién entiende mejor un libro? Su autor. Si quiero estar seguro del significado auténtico de una frase bastante complicada y el escritor vive cerca de mí y puedo hacerle una visita, llamaré a su puerta y diré: "¿Tendría la amabilidad de decirme qué quería expresar con esa frase? No me cabe ninguna duda de que es muy clara, pero soy tan torpe que no la entiendo. No tengo los conocimientos y el dominio del tema que posee usted y, por lo tanto, sus alusiones y sus descripciones escapan al ámbito de mis conocimientos. Está todo dentro de su alcance y será algo normal para usted, pero para mí resulta muy difícil. ¿Sería tan amable de explicarme el significado?".

A un buen hombre le alegraría que lo trataran de este modo, y no le supondría ningún problema desvelar su significado a una persona que quisiera saberlo sinceramente. Así yo estaría seguro de captar el significado correcto, porque al acudir al propio escritor iría al origen de todo el asunto. Así que, amados, el Espíritu Santo está con nosotros, y cuando abrimos su Libro y empezamos a leerlo, y queremos saber qué significa, debemos pedir al Espíritu que revele el significado. No hará un milagro, pero sí elevará nuestra mente y nos sugerirá pensamientos que nos guiarán mediante su relación natural, de uno a otro, hasta que al final lleguemos a la esencia misma de su instrucción divina. Entonces, busquen con fervor la guía del Espíritu Santo, porque si el alma misma de la lectura es la comprensión de lo que leemos, debemos clamar al Espíritu Santo en oración para desvelar los misterios secretos de la Palabra inspirada.

Si pedimos así la guía y la enseñanza del Espíritu Santo, la consecuencia, queridos amigos, será que estaremos listos para usar todos los medios que nos lleven a entender las Escrituras. Cuando Felipe preguntó al eunuco etíope si entendía la profecía de Isaías, este respondió: "¿Y cómo podré, si alguno no me enseñare?" (Hch. 8:31). Entonces Felipe subió al carro y le abrió la Palabra del Señor.

Algunos, con la excusa de ser enseñados por el Espíritu de Dios, se niegan a ser instruidos por los libros o por otros hombres. Esto no honra al Espíritu de Dios; es una falta de respeto hacia Él, porque si concede a algunos de sus siervos más luz que a otros (y es evidente que lo hace), entonces estos siervos tienen el deber de transmitir esa luz a otros y usarla para beneficio de la Iglesia. Pero si la otra parte de la Iglesia se niega a recibir esa luz, ¿con qué fin la dio el Espíritu de Dios? Esto implicaría que existe un error en algún punto de la economía de los dones y las gracias, que está gobernada por el Espíritu Santo. Esto no puede ser así. Al Señor Jesucristo le agrada dar más conocimiento de su Palabra y más comprensión de ella a algunos de sus siervos que a otros, y a nosotros nos toca aceptar gozosamente el conocimiento que Él otorga y de las maneras que Él decida hacerlo.

Sería muy malvado por nuestra parte decir: "No aceptaremos el tesoro celestial que existe en vasijas de barro. Si Dios quiere darnos el tesoro celestial con sus propias manos, pero no por medio de las vasijas de barro, lo aceptaremos; pero pensamos que somos demasiado sabios, con un pensamiento tan centrado en las cosas celestiales, tan espirituales, que no nos atraen las joyas que están dentro de vasijas de barro. No escucharemos a nadie y no leeremos nada más que el propio Libro, ni aceptaremos ninguna otra luz más que la que procede de una grieta en nuestro propio tejado. No veremos con la vela de otro hombre; preferimos quedarnos a oscuras".

Hermanos, no caigamos en semejante necedad. Que la luz proceda de Dios y, aunque sea un niño el que la traiga, la aceptaremos con gozo. Si alguno de sus siervos, sea Pablo, Apolos o Cefas, ha recibido luz de Él, he aquí "todo es vuestro, y vosotros de Cristo, y Cristo de Dios" (1 Co. 3:22-23). Por lo tanto, acepten la luz que Dios ha encendido y pidan gracia para poder proyectar esa luz sobre la Palabra, de modo que cuando la lean puedan entenderla.

No deseo decir mucho más sobre esto, pero me gustaría que les quedara muy claro a algunos de ustedes. Sé que tienen Biblias en sus casas. No les gustaría verse privados de la Biblia; si no tuvieran una, se considerarían paganos. Las tienen muy bien encuadernadas y son volúmenes muy agradables de ver; no están muy manoseadas ni gastadas, y no es probable que lo estén, porque solo salen los domingos a airearse un poco, y el resto de la semana reposan entre lavanda con los limpios pañuelos de bolsillo.

No leen la Palabra, no la estudian, ¿y cómo pueden esperar recibir la bendición divina? Si el oro celestial no merece la pena que excaven por él, no es probable que lo encuentren. Les he dicho una y otra vez que escrudiñar las Escrituras no es el camino a la salvación. La Palabra de Dios dice: "Cree en el Señor Jesucristo, y serás salvo" (Hch. 16:31). Pero, aun así, la lectura de la Palabra, así como el acto de escucharla, a menudo conduce a la fe, y la fe trae la salvación; porque la fe viene por el oír, y la lectura es una especie de escucha. Mientras buscan conocer qué es el evangelio, puede que Dios bendiga sus almas. Pero ¡qué lectura tan pobre hacen algunos de ustedes de sus Biblias!

No quiero decir nada demasiado severo porque no es estrictamente cierto: que sean sus propias conciencias las que hablen, pero aun así hago acopio de valor para preguntar: ¿no es cierto que muchos de ustedes leen la Biblia de una manera apresurada, tan solo un pasaje breve, y luego salen corriendo? ¿No olvidan pronto lo que han leído y pierden el escaso efecto que pareció haber tenido? ¡Cuán pocos de ustedes están decididos a llegar hasta el alma de la Biblia, su núcleo, su vida, su esencia, y beber de su significado! Bien, pues si no hacen esto, vuelvo a decirles que su lectura es miserable, muerta, improductiva; no es en absoluto una lectura, el nombre no es el correcto. Que el bendito Espíritu los lleve al arrepentimiento respecto a este tema.

BUSQUEN LA ENSEÑANZA ESPIRITUAL DE LA PALABRA

Creo que esto figura en mi pasaje, porque nuestro Señor dice: "¿No habéis leído?", y una vez más "¿O no habéis leído…?", y luego añade: "Y si supieseis qué significa…", y el significado es algo muy espiritual. El pasaje que citó fue: "Misericordia quiero, y no sacrificio", un texto sacado del profeta Oseas. Ahora bien, los escribas y los fariseos se volcaban en la letra: el sacrificio, la muerte del buey, etc. Pasaban por alto el significado espiritual del pasaje: "Misericordia quiero, y no sacrificio", es decir, que Dios prefiere que cuidemos de nuestro prójimo antes que observar cualquier ceremonia de su ley, provocando así el hambre o la sed (y en consecuencia, la muerte) de alguna de las criaturas que sus manos han hecho. Ellos deberían haber pasado de lo externo a lo espiritual, y en todas nuestras lecturas debemos hacer lo mismo.

Debemos hacerlo cuando leemos los pasajes históricos. "¿No habéis leído lo que hizo David, cuando él y los que con él estaban tuvieron hambre; cómo entró en la casa de Dios, y comió los panes de la proposición, que no les era lícito comer ni a él ni a los que con él estaban, sino solamente a los sacerdotes?" (Mt. 12:3-4). Esto era un episodio histórico y deberían haberlo leído de tal modo que hallaran en él una enseñanza espiritual. He escuchado a personas muy estúpidas que decían: "Bueno, es que a mí las partes históricas de las Escritura no me interesan". Queridos amigos, cuando dicen estas cosas no tienen idea de qué están hablando.

Les digo ahora por experiencia que a veces he encontrado una mayor profundidad espiritual en las historias que en los salmos. Me dirán: "¿Y cómo es eso?". Afirmo que cuando alcancen el significado interior y espiritual de una historia, a menudo les sorprenderá la maravillosa claridad (la fuerza realista) con la que llega hasta su alma la enseñanza. Algunos de los misterios más maravillosos de la revelación se comprenden mejor cuando aparecen ante nuestros ojos en los pasajes históricos que cuando se explican verbalmente.

Cuando tenemos la afirmación que explica la ilustración, la ilustración amplía y vivifica la afirmación. Por ejemplo, cuando nuestro mismo Señor quiso explicarnos qué era la fe, nos envió la historia de la serpiente de bronce. ¿Quién que haya leído alguna vez el episodio de la serpiente de bronce no ha sentido que tiene un concepto más claro de la fe gracias a la imagen de las personas moribundas, mordidas por las serpientes, que miraban a la serpiente de bronce y vivían, un concepto más claro que el que hallan en cualquier descripción que nos haya dado incluso Pablo, a pesar de la excelencia de sus definiciones y de sus descripciones? Les ruego que nunca desprecien las porciones históricas de la Palabra de Dios, pero cuando no logren sacar nada bueno de ellas digan: "Eso se debe a mi mente torpe y a mi corazón lento. Oh, Señor, dígnate a aclarar mi mente y a purificar mi alma". Cuando Él responda a esta oración, sentirán que todas las porciones de la Palabra de Dios se transmiten por inspiración, y son y deben ser provechosas para ustedes.

> Algunos de los misterios más maravillosos de la revelación se comprenden mejor cuando aparecen ante nuestros ojos en los pasajes históricos que cuando se explican verbalmente.

Lo mismo es cierto respecto a todos los preceptos ceremoniales, porque el Salvador sigue diciendo: "¿O no habéis leído en la ley, cómo en el día de reposo los sacerdotes en el templo profanan el día de reposo, y son sin culpa?" (Mt. 12:5). No hay ni un solo precepto en la ley antigua que no tenga un sentido y un significado internos; por consiguiente, no pasen por alto Levítico, o digan: "No puedo leer estos capítulos en los libros de Éxodo y Números. Solo hablan de las tribus y sus estándares, los campamentos en el desierto y las pausas en el viaje, el tabernáculo y su mobiliario, o pomos y tazones de oro, tablones y ensamblajes, piedras preciosas, azul y escarlata y lino fino".

No, lo que deben hacer es buscar el significado interno. Hagan una investigación exhaustiva. Igual que en el tesoro de un rey, aquello que está más celosamente encerrado bajo llave, a lo que cuesta más acceder, es la joya más preciosa de todo el tesoro, en las Sagradas Escrituras sucede lo mismo. ¿Han visitado alguna vez la biblioteca del Museo Británico? Allí hay muchos libros de referencia que el lector puede leer directamente cuando le plazca. Hay otros libros para los que debe escribir una solicitud, y sin esta, no puede acceder a ellos. Pero también hay algunos libros especiales que nadie puede consultar sin una petición especial, tras lo cual hay que abrir puertas cerradas, y luego vitrinas, y mientras el lector inspecciona el libro siempre hay algún vigilante que lo observa. Apenas se le permite posar la vista en el manuscrito, por miedo a que pueda borrar alguna letra solo por el hecho de mirarla. ¡Es un tesoro tan precioso! No hay otro ejemplar de esa obra en todo el mundo, de manera que no se puede acceder a ella fácilmente.

> No han leído realmente, hasta que comprendan el espíritu del asunto.

Del mismo modo, hay doctrinas selectas y preciosas de la Palabra de Dios que están guardadas en vitrinas como Levítico o Cantares, y no se puede llegar a ellas sin abrir unas cuantas puertas, y el propio Espíritu Santo debe estar a su lado, porque si no, jamás llegarán al tesoro de valor incalculable. Las verdades más elevadas están tan exquisitamente ocultas como los tesoros de los príncipes; por lo tanto, no solo lean, sino también escudriñen. No se satisfagan con un precepto ceremonial hasta que alcancen su significado espiritual, porque eso es leer de verdad. No han leído realmente, hasta que comprendan el espíritu del asunto.

Pasa lo mismo con las afirmaciones doctrinales de la Palabra de Dios. He observado, consternado, a personas que son muy ortodoxas y que pueden recitar su credo con gran facilidad, pero el uso primordial que le dan a su ortodoxia es sentarse y observar al predicador con intención de poder acusarle de algo. Ha pronunciado una sola frase que, juzgan ellas, está medio centímetro por debajo del estándar: "Ese hombre no entiende nada. Ha dicho algunas cosas buenas, pero en esencia está podrido, estoy seguro. Ha usado una expresión que no es apta". Que las demás frases estén bien no basta para estos amados hermanos de los que hablo; deben tener algo que sea mejor y vaya más allá de la moneda que se entrega al templo. Usan su conocimiento como un microscopio, para ampliar diferencias insignificantes.

No vacilo en decir que me he encontrado con personas que "podrían dividir un pelo por la mitad y a lo largo" en cuestiones de teología, pero que no saben nada de las cosas de Dios en su verdadero significado. Nunca las han bebido en su alma, sino que solo las sorbieron con sus labios para escupirlas luego a otros. La doctrina de la elección es una cosa, pero saber que Dios nos ha predestinado y tener el fruto de ello en las buenas obras que se requieren de nosotros es otra muy distinta. Hablar del amor de Cristo, hablar del cielo que está preparado para su pueblo y cosas así, todo esto está muy bien. Pero es posible hacerlo sin tener ningún contacto personal con estas cosas. Por lo tanto, amados, no se conformen con un credo sano, sino que deseen tenerlo grabado en las tablas de su corazón. Las doctrinas de la gracia son buenas, pero la gracia de las doctrinas es mejor. Procuren tenerla y no se contenten con la idea de que ya se han instruido hasta que comprendan la doctrina hasta tal punto que sientan su poder espiritual.

Esto nos hace sentir que, para llegar a ese punto, necesitaremos sentir la presencia de Jesús a nuestro lado siempre que leamos la Palabra. Presten atención a ese quinto versículo, que ahora pongo delante de ustedes como parte de mi pasaje y que hasta ahora había dejado a un lado: "¿O no habéis leído en la ley, cómo en el día de reposo los sacerdotes en el templo profanan el día de reposo, y son sin culpa? Pues os digo que uno mayor que el templo está aquí" (Mt. 12:5-6). ¡Ay!, pensaban mucho en la letra de la Palabra, pero no sabían que estaba allí Aquel que era el Señor del día de reposo: el Señor del hombre y del día de reposo, y Señor de todas las cosas.

Oh, cuando se acerquen a un credo, a una ordenanza o a cualquier cosa que sea externa en la letra, rueguen al Señor que les haga sentir que hay algo más grande que el Libro impreso, y algo mejor que la mera cáscara del credo. Hay una persona más grande que todos ellos y debemos clamar a Él pidiéndole que esté siempre con nosotros. ¡Oh, Cristo vivo! ¡Que esta Palabra sea viva para mí! Tu Palabra es vida, pero no sin el Espíritu Santo. Puede que conozca este Libro tuyo de principio a fin y que pueda repetirlo de Génesis a Apocalipsis, y aun así puede ser un libro muerto y yo puedo ser un alma muerta. Pero, Señor, llena este lugar con tu presencia. Entonces levantaré la vista del Libro al Señor; del precepto a Aquel que lo cumplió; de la ley a Aquel que la honró; de la amenaza a Aquel que la sufrió por mí, y de la promesa a Aquel que es el "Sí" y el "Amén".

¡Ah, entonces, nuestra lectura será muy diferente! Él está aquí conmigo, en mi habitación. No debo distraerme. Se inclina hacia mí, coloca su dedo sobre las líneas y veo su mano traspasada. Leeré como estando en su presencia. Leeré sabiendo que Él es su sustancia, que es la prueba de este Libro además de su escritor; la suma de estas Escrituras además de su autor. ¡Esta es la manera en que los verdaderos estudiantes adquieren sabiduría! Llegarán al alma de las Escrituras cuando puedan mantener a Jesús a su lado mientras leen.

¿Nunca han escuchado un sermón que les ha hecho sentir que, si Jesús hubiera bajado a ese púlpito mientras el hombre hablaba, le habría dicho: "Baja, baja; ¿qué tienes que hacer aquí? Te envié a predicar acerca de mí y predicas sobre una docena de otras cosas. Vete a casa y aprende de mí, y luego ven y habla"? El sermón que no conduce a Cristo, o del que Jesucristo no es tanto la parte superior como la inferior, es un tipo de sermón que hará reír a los demonios del infierno pero que podría inducir al ángel de Dios a llorar, si fuera capaz de tener esa emoción.

Recordarán la anécdota que les conté sobre aquel galés que escuchó a un joven predicar un sermón muy bueno, un sermón grandioso, presuntuoso, majestuoso. Cuando terminó, el joven le preguntó al galés qué le había parecido. Aquel hombre le respondió que no le había gustado.

—¿Y por qué no?

—Porque no habla de Jesucristo.

—Bueno —dijo el joven—, pero es que mi pasaje no parecía ir en esa dirección.

—Eso no importa. Su sermón debería ir en esa dirección.

—Pues no lo veo así, a pesar de todo —dijo el joven.

—No …repuso el galés—, aún no sabe predicar. Esta es la manera de hacerlo. Desde todas las pequeñas aldeas de Inglaterra (sin importar dónde se encuentren) habrá sin duda una carretera que lleve a Londres. Aunque puede que no haya una carretera que lleve a determinados otros lugares, seguro que hay una que conduce a Londres. Pues bien, en cada pasaje de la Biblia hay una carretera hacia Jesucristo, y la manera de predicar consiste sencillamente en preguntarse: "¿Cómo puedo ir desde este pasaje a Jesucristo?", y luego seguir predicando en consonancia.

—Bien, pero imaginemos —dijo el joven—, que encuentro un pasaje que no tiene un camino que lleve a Jesucristo.

—Llevo cuarenta años predicando —dijo el anciano—, y aún no he encontrado un pasaje así, pero si algún día lo encuentro, pasaré por todos los obstáculos hasta llegar a Él, porque nunca acabaré sin introducir en mi mensaje a mi Maestro.

Quizá piensen que esta noche he ido un poco demasiado lejos, pero estoy convencido de que no es así, porque entonces llega el sexto versículo e introduce a nuestro Señor de una forma muy dulce, colocándolo en el primer plano de ustedes, lectores de la Biblia, de modo que no deben pensar en leerla sin sentir que está ahí Aquel que es el Señor y Maestro de todo lo que están leyendo, y que hará que todas estas cosas sean preciosas para ustedes si lo encuentran en medio de ellas.

Si no encuentran a Jesús en las Escrituras, estas no les serán de gran ayuda, porque, ¿qué dijo nuestro propio Señor? "Escudriñad las Escrituras; porque a vosotros os parece que en ellas tenéis la vida eterna... y no queréis venir a mí para que tengáis vida" (Jn. 5:39-40) y, por lo tanto, su búsqueda se queda en nada. No encuentran vida, y siguen muertos en sus pecados. Que no nos pase esto a nosotros.

ESTA LECTURA DE LAS ESCRITURAS ES PROVECHOSA

El tipo de lectura de las Escrituras que implica la comprensión y entrada a su significado espiritual, junto con el descubrimiento de la Persona divina que es el significado espiritual, es provechosa, porque aquí nuestro Señor dice: "Y si supieseis qué significa: Misericordia quiero, y no sacrificio, no condenaríais a los inocentes". Si llegamos a entender la Palabra de Dios, esto nos evitará cometer muchísimos errores y, entre otras cosas buenas, no condenaremos a los inocentes.

No tengo tiempo para extenderme sobre estos beneficios, pero me limitaré a decir, poniéndolos todos juntos, que la lectura diligente de la Palabra de Dios inducida por la firme resolución de llegar a su significado a menudo engendra vida espiritual. Somos engendrados por la Palabra de Dios: esta es el medio instrumental de la regeneración. Por consiguiente, amen sus Biblias. Manténgase cerca de ellas. Ustedes pecadores que buscan al Señor, su primer objetivo es creer en el Señor Jesucristo, pero mientras aún están en las tinieblas, ¡amen sus Biblias y estúdienlas! Llévenlas a la cama con ustedes y, cuando se despierten por la mañana, si es demasiado temprano como para ir al piso de abajo y despertar a la casa, dediquen media hora a la lectura. Digan: "Señor, guíame al pasaje que me sea de bendición. Ayúdame a entender cómo yo, pobre pecador, puedo estar reconciliado contigo".

Recuerdo que, cuando andaba buscando al Señor, acudí a mi Biblia y al libro *Un llamado al inconverso* de Richard Baxter, a *Una alarma al inconverso* de Joseph Alleine y a *Surgimiento y progreso de la religión en el alma* de Philip Doddridge, porque dije para mí: "Tengo miedo de perderme, pero quiero saber por qué. Temo no encontrar nunca a Cristo, pero no será por no buscarlo". Aquel temor solía acosarme, pero dije: "Si se puede encontrar, lo encontraré. Leeré. Reflexionaré".

Nunca ha habido un alma que haya buscado sinceramente a Jesús en la Palabra y que, tarde o temprano, no haya encontrado la verdad preciosa de que Cristo estaba cercano y no era necesario buscarlo. Él estaba realmente allí, pero ellos, pobres criaturas, estaban metidos en semejante laberinto que no lograban verlo. ¡Oh, aférrense a las Escrituras! Las Escrituras no son Cristo, pero son la pista de seda que los conducirá a Él. Sigan fielmente sus indicaciones.

Cuando ya hayan recibido la regeneración y una vida nueva, sigan leyendo, porque los consolará. Verán más de lo que el Señor ha hecho por ustedes. Descubrirán que han sido redimidos, adoptados, salvados, santificados. La mitad de los errores de este mundo surgen del hecho de que la gente no lee sus Biblias. ¿Alguien puede pensar que el Señor dejaría que pereciera uno solo de sus amados hijos si lee un pasaje como este: "y yo les doy vida eterna; y no perecerán jamás, ni nadie las arrebatará de mi mano" (Jn. 10:28)? Cuando leo esto, estoy seguro de la perseverancia final de los santos. Lean la Palabra y les será de gran consuelo. También servirá para su nutrición. Es su alimento además de su vida. Estúdienla y crecerán fuertes en el Señor y en el poder de su fuerza.

La mitad de los errores de este mundo surgen del hecho de que la gente no lee sus Biblias.

También les servirá de guía. Estoy seguro de que quienes están cerca del Libro siguen el camino más recto. A menudo, cuando no saben qué hacer, verán cómo un pasaje salta a la vista desde el Libro diciendo "Sígueme". Ha habido veces que he visto promesas que destellaban delante de mis ojos igual que un reflector ilumina un edificio público. Un fogonazo de luz y una frase o una imagen relampaguea en la mente. He visto relucir así un pasaje de las Escrituras ante mi alma; he sabido que era un mensaje de Dios para mí y he seguido mi camino regocijándome.

Y, ¡oh!, recibirán innumerables ayudas de ese Libro maravilloso si lo leen; porque, al entender mejor las palabras, lo valorarán más. Y, a medida que envejezcan, el Libro crecerá junto a ustedes y demostrará ser un manual de devoción para los ancianos, de la misma manera que fue un agradable libro de historias para los niños.

Sí, siempre será un Libro nuevo (una Biblia tan nueva como si la hubieran impreso ayer y nadie hubiera visto ni una sola palabra de ella hasta ahora), y aun así será mucho más precioso debido a los recuerdos que se agrupan en su alrededor. A medida que vamos pasando sus páginas, ¡con qué dulzura recordamos pasajes de nuestra historia que nunca olvidaremos, ni en la eternidad, sino que siempre se hallarán entrelazados con promesas de gracia! Amados, que el Señor nos enseñe a leer su Libro de la vida que ha abierto ante nosotros aquí abajo, de modo que podamos leer nuestros nombres en ese otro Libro del amor que aún no hemos visto, pero que será abierto en aquel gran día último. Que el Señor esté con ustedes y los bendiga.

Agradecimientos

COMO CUALQUIER PROYECTO literario, este libro no habría existido sin el sacrificio y el respaldo de muchas personas. Estoy profundamente en deuda con todas ellas.

En el ámbito personal, mi vida y mi ministerio han sido respaldados y enriquecidos por las oraciones y el ánimo de mi familia. Dios me ha dado una esposa, Karen, y unos hijos, Anne-Marie, Caroline, William, Alden y Elizabeth, que me bendicen incalculablemente. Los amo a cada uno incondicionalmente y más de lo que pueda expresar.

En el ámbito institucional, mis colegas y el personal administrativo constituyen una fuente increíble de respaldo y de ánimo. Más especialmente, doy las gracias por Tyler Sykora, Dawn Philbrick, Lauren Hanssen, Wesley Rule y Justin Love. También estoy agradecido por Russ Meek, quien me proporcionó una eficaz ayuda editorial. Es un verdadero placer servir junto a cada uno de estos hombres y mujeres, los cuales realizan sus tareas cotidianas con gracia y competencia. Gracias.

Doy las gracias al equipo de Moody Publishers, especialmente a Drew Dyck y Kevin Mungons. Gracias por creer en este proyecto y por trabajar conmigo para llevarlo a buen fin.

Por último, y por encima de todo, estoy en deuda con mi Señor y Salvador, Jesucristo. Como cualquier otro proyecto ministerial, nada de esto habría sido posible sin su gracia, su llamado y su capacitación. Que este libro, y todo lo que yo haga, le dé a Él toda la gloria.